읽기만 해도 실력이 향상되는

파크골프 LEVEL UP

저자의 말

　파크골프는 남녀노소 누구나 할 수 있는 운동으로 경기장의 접근성이나 규칙과 장비등이 간단하여 각자의 경험만으로도 쉽게 즐길 수 있었다.

　현재 동호인들이 기하급수적으로 증가하고 국제 경기를 할 수 있는 공인구장과 난이도가 다양한 구장이 생겨나며 최고의 생활스포츠로 자리를 잡고 있는 시점에 이르렀다.

　필자는 20여 년간의 골프 경험을 바탕으로 파크골프와 골프의 차이점을 찾아 파크골프의 특성에 맞는 과학적이고 전문화된 이론을 정립하고자 서술하게 되었다.

　파크골프를 처음 시작하거나 흥미를 느끼지 못하고 실력이 정체되어 있는 분들을 위하여 파크골퍼들이 알아두어야 할 기본 매너와 핵심기술 및 상황에 따른 경기 전략과 정신력등을 이해하기 쉽게 사진들을 삽입하여 설명하였다.

　본 교재를 활용하여 매너와 실력을 갖춘 멋진 파크골퍼가 될 수 있는 지름길이 열릴 수 있기를 희망한다.

　끝으로 '파크골프 레벨업'교재내용의 이해를 돕기위하여 이미지를 연출하여 주신 이진희님, 전미정님 그리고 사진을 찍어주신 정태만작가님과 처음부터 끝까지 책의 출간을 위하여 감수하여 주신 이명숙교수님께 고마움을 전합니다.

2021년 4월

김 영 선

차 례

1. 개요 ··· 7
2. 기본 스윙자세 ··· 15
3. 준비 자세 ·· 29
4. 그립 ··· 35
5. 정렬 ··· 41
6. 스윙 ··· 47
7. 티샷 ··· 85
8. 임팩트 ··· 103
9. 어프로치 ·· 113
10. 퍼팅 ··· 119
11. 위기탈출 ·· 135
12. 정신력 ·· 143
13. 룰 & 매너 ·· 161
부록:용어 ··· 169

1. 개 요

소개

파크골프(PARK GOLF)는 공원(PARK)과 골프(GOLF)의 합성어로 기존 골프장의 1/50~1/100 정도의 작은 부지에서 일반 골프보다 규칙이나 장비를 간편하게 하여 재미있게 즐길 수 있도록 재편성한 스포츠로서 도심의 공원 또는 유휴 부지를 이용하여 자연을 벗삼아 남녀노소 모두가 쉽게 즐길 수 있는 운동이다.

파크골프는 1983년 일본 북해도 마크베츠의 7홀의 간이 파크골프장에서 처음 시작된 운동이며 대한민국의 최초 도입 파크골프장은 진주 상락원의 6홀이었으며 이후 2004년 서울 여의도 한강 파크골프장이 공식적으로 9홀을 만들었다.

파크골프는 18홀 기준으로 약 1시간 30분~2시간이 소요되며 길이 86cm, 무게 600g 인 1개의 클럽과 직경 6cm의 볼을 사용한다.

파크골프는 가볍게 공원을 산책하는 유산소 운동 효과와 자연 속에서 심리적인 안정감을 느끼며 장비나 시간에 크게 구애를 받지 않고 간편한 운동복 차림에 편안한 신발을 신고 즐길 수 있다는 것이 장점이다.

경기장

경기장 A코스는 적색 깃발, B코스는 청색 깃발, C코스는 황색 깃발, D코스는 백색 깃발로 표시되며 각 코스 경기장은 1번 홀부터 9번 홀까지 구성되어 있다.

구분	홀수	길이	타수계
Par 3	4개	40~60m	12타
Par 4	4개	60~100m	16타
Par 5	1개	100~150m	5타
합계	9개	500~790m	33타

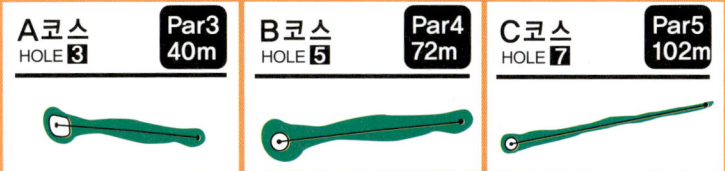

잠실파크골프경기장 전경

클럽 각 부분 명칭

① 그립(grip) : 클럽의 손잡이 부분

② 힐(hill) : 클럽 헤드의 뒤쪽 끝부분

③ 토우(toe) : 클럽 헤드의 앞쪽 끝부분

④ 페이스(face) : 볼을 직접 타격하는 면

⑤ 헤드(head) : 볼과 직접적으로 접촉하는 부분

⑥ 샤프트(shaft) : 헤드와 그립을 이어주는 긴 막대

⑦ 라이각(lie angle) : 헤드 바닥면과 샤프트의 각도

⑧ 로프트각(loft angle) : 페이스면과 샤프트가 이루는 각도

타수용어

−5 오스트리치 (Ostrich) **타조**
−4 콘도르 (Condor) **하늘독수리**
−3 알바트로스 (Albatross) **큰바다새**
−2 이글 (Eagle) **독수리**
−1 버디 (Birdie) **새**
 0 파 (Par)
+1 보기 (Bogey)
+2 더블보기 (Double bogey)
+3 트리플보기 (Triple bogey)
+4 쿼드러플 보기 (Quadruple bogey)
+5 퀸튜플 보기 (Quintuple bogey)
+6 섹튜플 보기 (Sextuple bogey)
+7 셉튜플 보기 (Septuple bogey)
+8 옥튜플 보기 (Octuple bogey)
+9 노뉴플 보기 (Nonuple bogey)
+10 데큐플 보기 (Decuple bogey)
+11 이상은 '11 over par'로 표기

그립 잡는 법

인터로킹 그립 (intelocking grip)

오른손 새끼손가락과 왼손 검지손가락을
교차하여 잡는 방법이다.
장점은 그립을 견고하게 잡을 수 있어
힘이 부족한 사람에게 적합한 방법이고
단점은 견고하게 잡는데 주력하여
손목의 유연성이 떨어진다.

오버랩핑 그립 (over lapping grip)

오른손 새끼손가락을 왼손 검지손가락
위에 올려 놓으며 잡는 방법이다.
장점은 오른손의 힘을 억제하여 왼손을
이용할 수 있게 되어 장타를 칠 수 있고
단점은 클럽과 그립을 잡은 두손의
일체감이 떨어진다.

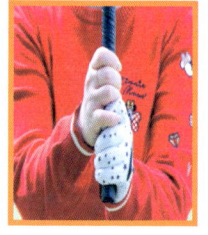

베이스볼 그립 (baseball grip)

두손의 손가락 전체에 힘을 주어
야구 배트를 쥐듯이 잡는 방법이다.
장점은 쉽게 파워를 낼수 있고
단점은 두손이 독립적으로 움직이게
되어 방향성을 얻기가 어렵다.

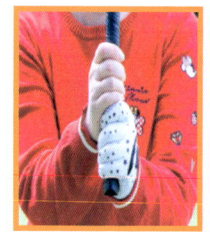

스탠스

스퀘어 스탠스(square stance)

헤드페이스가 목표 방향과 직각이 되도록 하여 정중앙으로 치기 위한 자세이다.

클로우즈 스탠스 (close stance)

스퀘어 스탠스를 한 상태에서 오른쪽 발을 뒤로 빼는 자세로 밀어치기를 위한 자세이다.

오픈 스탠스 (open stance)

스퀘어 스탠스를 한 상태에서 왼쪽 발을 뒤로 빼는 자세로 당겨치기를 위한 자세이다.

2. 기본스윙자세

1) 어드레스 (address)

① 정면에서 등을 펴고 클럽을 정면으로 든다.
② 등을 펴고 클럽을 땅에 내린다.
③ 무릎을 아주 살짝 굽힌다.

오른쪽 어깨를
왼쪽어깨 보다
낮게 한다.

골반라인은
오른쪽이 왼쪽보다
낮게 한다.

2) 테이크 백 (takeback)

①번처럼 오른쪽 다리는 준비 자세와 동일한 위치이어야 한다.
②번처럼 왼쪽 골반이 밀리며 어깨가 올라가면 안된다.

①번처럼 클럽을 안쪽으로 당기며 힘을 주거나
②번처럼 클럽을 약하게 잡고 바깥쪽으로 밀면 안된다.

3) 백 스윙 (back swing)

오른쪽으로 체중을 이동하며 제자리에서 회전을 하여야 한다.
①번처럼 과도하게 몸이 오른쪽으로 밀리는 실수와
②번처럼 어깨를 돌리지 않고 손만 돌리는 실수를 하여서는 안된다.

올바른 백스윙 연습법은
①번처럼 어깨를 이용하여 팔을 들어 올린 후
②번처럼 팔은 움직이지말고 어깨를 90도로 돌려준다.

4) 다운스윙 (down swing)

가슴은 오른쪽 방향을 보면서 클럽을 끌고 내려와야 한다.

하체가 밀리는 경우 잘못된 동작이 된다.

①번처럼 어깨라인은 볼보다 약간 안쪽으로 내려와야 한다.
②번처럼 오른쪽 어깨가 낮아지며 무릎이 구부러지거나
③번처럼 오른쪽 팔꿈치가 들리며 헤드가 먼저 내려오면 안된다.

5) 임팩트 (impact)

강한 임팩트를 하려면 그립을 가볍고 견고하게 잡아야 한다. 임팩트시에는 손목에 힘을 더해 주거나 빼지않고 손목의 코킹을 유지하며 헤드의 스피드를 만들어 주는 것이 핵심이다.

6) 팔로우 스루 (follow through)

①번처럼 체중은 왼쪽으로 이동이 되며 손목이 회전을 하여야 한다.
②번처럼 머리와 오른쪽 어깨가 헤드를 따라가거나
③번처럼 손목의 회전이 안되며 팔꿈치가 굽혀지면 안된다.

7) 피니쉬 (finish)

스윙의 마지막 동작으로 피니쉬 자세는 임팩트의 결과물이다.
①번처럼 상체와 하체의 체중이 균형을 갖추고 있어야 한다.
②번은 체중이 오른발에 남는 잘못된 동작이다.

피니쉬 자세는 오른쪽 어깨가 왼쪽 어깨보다 낮아져야 한다.

3. 준비 자세

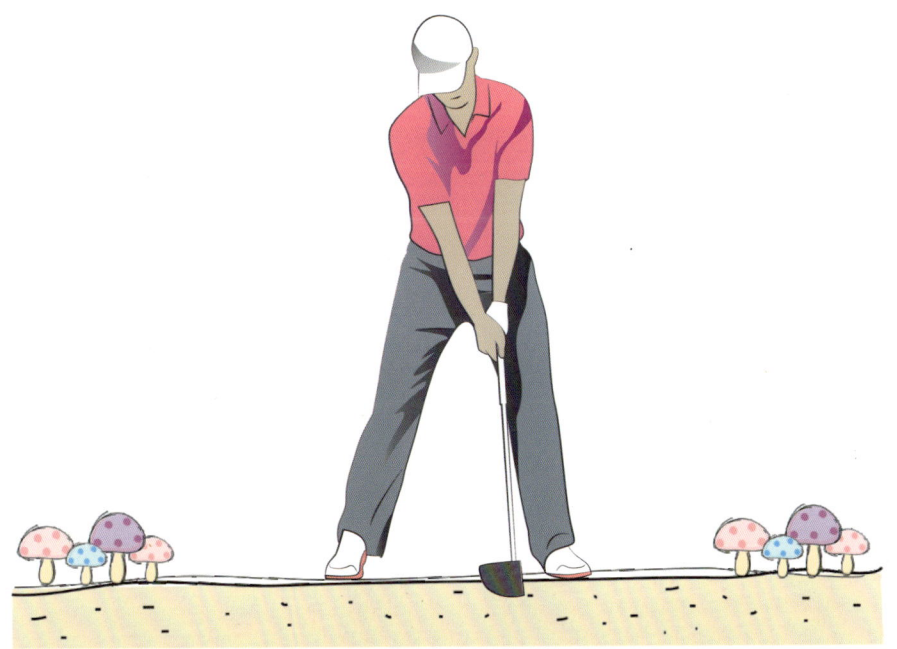

준비 자세의 중요성

스윙의 일관성을 위해서는 허리를 앞으로 숙이고
어깨를 옆으로 기울이는 준비자세가 최고의 방법이다.

옆에서 보는 준비 자세는 허리의 각도가 목표 방향으로
적당히 기울어져 있어야 하며 머리는 볼 뒤쪽에 두고
오른쪽 어깨는 왼쪽 어깨보다 낮은 자세를 한다.

앞에서 보는 준비 자세는 허리를 앞으로 숙이고
옆으로 기울이는 자세를 하여야 한다.

허리를 앞으로만 숙이고 옆으로 기울이는
자세를 하지 않으면 체중의 이동이 반대방향으로 진행되어
체중을 원활하게 이용하지 못하고 팔로만 때리는 스윙을
하게 되어 거리와 방향성을 잃게 된다.

목표 방향을 결정하는 정렬

목표 방향과 몸의 정렬이 올바른 상태는
볼을 앞에 두고 똑바로 섰을 때 어깨와 무릎이
볼과 목표 방향을 잇는 선에 평행이 되어야 한다.

목표 방향과 평행이 된 정렬 상태에서
자연스럽게 인사하듯이 허리를 숙여 주면
골반이 접히면서 척추가 곧게 펴지게 되어
몸통이 스윙 궤도를 따라 원활하게 회전을 하는
올바른 스윙이 가능하게 된다.

무릎을 너무 굽히며 정렬을 하면
몸의 중심이 발 뒤쪽에 위치하게 되어
볼에 파워를 전달하기가 힘들게 되므로
체중이 앞쪽에 실리도록 무릎을 살짝 굽혀 주어야 한다.

올바른 준비 자세

인사를 하듯이 허리를 숙여 가슴이 볼을 향하도록 하면
골반이 접히면서 척추가 세워지게 되어
몸통의 회전을 원활하게 하는 올바른 준비 자세가 된다.

무릎을 기마 자세처럼 굽히는 준비 자세를 하면
몸의 무게중심이 발 뒤쪽에 놓이게 되어
무릎의 균형이 무너지게되므로 볼에 파워를 전달하기 위한
몸통의 회전을 만들기가 어렵게 된다.

오른손이 왼손보다 아래쪽에서 그립을 잡기 때문에
저절로 오른쪽 어깨가 자연스럽게 내려가는
준비 동작이 되어야 한다.

오른쪽 어깨를 과하게 더 내리거나 올리는 준비자세를 하면
스윙시 몸통의 회전을 위한 불필요한 보상 동작이
필요하게 되어 볼의 방향과 거리에 나쁜 영향을 주게 된다.

반대로 된 K자 자세는

올바른 스윙을 하려고 하면
준비 자세와 임팩트 자세를
반대로 된 K자 자세로 만들어야 한다.

반대로 된 K자 자세를 만들기 위해서는
오른쪽 어깨를 무릎 쪽으로 낮추어
상체를 오른쪽으로 기울여 주고
왼쪽 골반을 목표 방향으로 버티어 줄 때
반대로 된 K자 준비자세가 나오게 된다.

스윙의 일관성을 위해서는
반대로 된 K자 자세를
백스윙부터 임팩트 동작에 이르는
다운스윙 내내 유지하여야 한다.

목표 방향과의 정렬

볼의 진행 방향을 바르게 하기 위해서는
목표 방향과 똑바로 서는 올바른 정렬을 할 때
좋은 결과를 만들게 된다.

올바른 정렬을 위해서는 어깨와 무릎의 정렬이
목표 방향과 평행이 되지 않고
닫혀 있거나 열려 있지 않도록
점검을 할 때 좋은 방향성을 얻게 된다.

목표 방향과의 몸의 정렬을 소홀히 하면
볼의 진행 방향을 예측하기가 어렵게 된다.

4. 그립

그립을 잡는 방법

일관성있게 그립을 잡는 방법은
샷의 완성도와
스윙의 성공을 보장한다.

그립을 잡는 손은 몸과 클럽을 이어주는
유일한 접합점으로 그립을 잡았을 때
왼손의 뒤쪽 세 손가락과 오른손 엄지손가락과
집게손가락 안쪽에서 더 큰 악력을 느껴야 한다.

그립을 잡는 방법과 준비자세를 점검을 하며
경기장에서 샷을 하는 것을 상상하면서 연습을 할 때
최고의 효과를 발휘하게 된다.

그립의 중요성

그립을 잡는 방법은
백번을 강조하여도 지나치지 않으며
볼의 방향성과 거리를 결정하는
가장 중요한 핵심이다.

그립을 잡는 방법을 소홀히 하면
스윙의 실수로 이어질 확률이 높아지므로
경기 중 그립 잡는 방법을
수시로 점검할 때 경기력이 높아진다.

가볍고 견고한 그립은

그립을 가볍고 견고하게 잡을 때
올바른 스윙을 위한 지름길을 만들어 준다.

그립을 가볍게 잡으라고 하는 것은
손목의 유연성을 살리라는 의미로
팔과 어깨의 근육이 긴장되지 않도록
꼭 쥐지 않고 가볍고 견고하게 잡아야 한다.

그립을 견고하게 잡으라고 하는 것은
세게 잡으라는 의미가 아니고
손바닥 안에서 클럽이 빠지지 않도록 잡아
손목의 각도와 유연성을 유지하는
스윙을 할 수 있도록 하는 것이다.

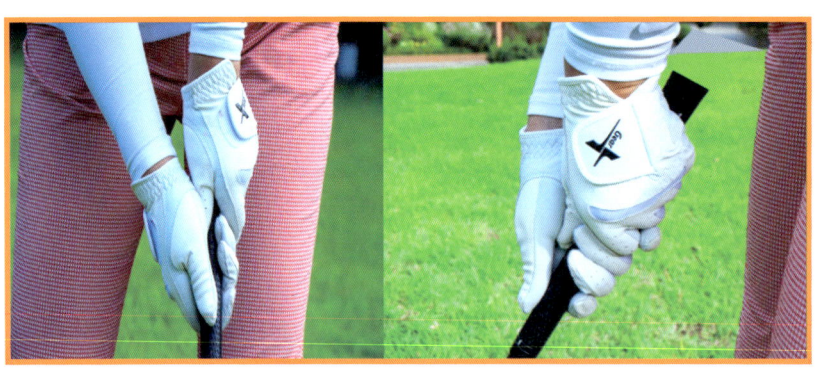

준비 자세와 그립

준비 자세와 그립을 잡는 방법은
스윙의 가장 큰 핵심 포인트로
볼의 거리와 방향을 결정한다.

올바른 준비 자세는 샷의 완성도를 높여 주고
올바른 그립은 샷의 방향성과 거리를 보장한다.

준비 자세를 위한 그립은
몸과 클립을 이어주는 유일한 접합점으로
사소한 잘못도 실수로 이어진다.

그립을 잡았을 때
왼손 뒤쪽 세 손가락과 오른손 엄지손가락 안쪽에서
강한 악력을 느껴야 한다.

실수를 줄이는 그립

그립을 올바르게 잡는 방법은 쥐는 것이 아니라 잡는 것으로
클럽이 손안에서 빠져나가지 못하도록 스윙의 원심력과
그립을 잡은 손의 마찰력이 같도록 잡아야 한다.

스윙의 주된 실수의 원인은 그립을 잡는 형태에서
찾을 수 있으며 그립을 올바로 잡을 때 실수가 줄어든다.

그립을 가볍게 잡지 않고 강하게 쥐어 잡으면
팔과 어깨와 등근육이 경직되어 스윙의 실수를 하게 된다.

그립을 강하게 쥐어 잡으면 헤드 무게를 느끼지 못하여
거리와 방향성을 잃게 되고
반대로 너무 약하게 잡으면 헤드 무게를
제대로 제어하지 못하게 되어
정상적인 스윙 궤도를 유지시키지 못하고
뒤땅이나 탑핑등의 실수가 나오게 된다.

5. 정렬

지형의 형태와 정렬

정렬은 볼이 놓여있는 위치에서 어깨와 무릎의 선이
목표 방향과 이어지는 평행선을 말한다.

거리는 볼을 보내야 할 목표 지점과의 간격으로
볼이 놓여있는 위치에서 목표 지점에 이르는
지형의 형태에 따라 거리를 계산하여야 한다.

볼을 목표 지점으로 보내기 위해서는
목표 지점의 높낮이와 경사도에 맞도록 정렬을 하고
볼의 속도를 조절할 때 원하는 지점으로 볼을 보낼 수 있다.

지형의 형태에 맞게 정렬을 하고 볼의 속도와 거리를
조절하기 위해서는 준비 자세시 볼의 위치를 일정하게 하여
항상 같은 지점에서 임팩트가 이루어지도록 하여야 한다.

정렬을 위한 접근 방법

볼 뒤에서 목표 방향과 이어지는
일직선을 바라보며
볼에 접근을 하며 정렬을 하면
볼의 방향성과 정확도가 높아지게 된다.

목표 방향과 상관없이 볼을 향하여
좌우로 이동을 하며
볼에 접근을 하는 실수를 하면 안되고
헤드페이스와 목표 방향과의 정렬을 하고 난 후
준비 자세를 할 때 올바른 방향으로
볼을 보낼 수 있다.

방향성을 위한 정렬

올바른 방향으로 볼을 보내기 위해서는 목표 방향과
정렬을 하고 난 후 준비 자세를 하는 습관을 가져야 한다.

목표 방향과의 정렬을 위해서는 볼 뒤에서 목표 방향으로
이어지는 일직선을 보며 볼에 접근을 하는 것이 매우 중요하다.

목표 방향과의 정렬을 생각하지 않고 볼 방향으로 무의식적으로
접근을 하는 실수를 하거나 목표 방향과의 정렬을 하기 전에
먼저 준비 자세를 한 후 스윙을 하게 되면
방향 설정을 위한 정렬이 틀어지게 된다.

샷의 방향에 대한 정확도를 높이기 위해서는
볼 뒤편에서 목표 방향으로 이어지는 직선을 따라 이동을 하여
헤드페이스가 목표 방향을 향하도록 정렬을 하고 난 후
준비 자세를 하고 스윙을 하여야 한다.

기본적인 정렬 자세

볼과 목표 방향과의 정렬이 틀어지게 되면
올바른 스윙을 하여도 볼의 방향성을 잃게 된다.

볼의 방향성을 위해서는
스윙의 기본 자세를 점검하고
목표 방향과의 정렬에 신경을 써야 하며
올바른 스윙을 하여도 정렬이 좋지 않으면
원하는 방향으로 볼을 보낼 수 없다.

목표 방향과의 정렬을 할 때에는
얼굴 전체를 돌리며 목표 방향을 바라보지 말고
고개는 고정한 채로 시선만 목표 방향으로
돌려보며 하는 정렬이 올바른 방법이다.

정렬을 먼저하고 스윙을

스윙을 하면서 볼의 방향을 조절하려고 하는 것보다
목표 방향과 정렬을 먼저하고 스윙을 하여야 한다.

양 발끝만 목표 방향과 평행하게 맞추는 정렬보다
어깨와 시선의 정렬도 함께하여 방향성을 높여야 한다.

경기장에서 목표 지점과의 정렬에 어려움을 겪는 이유는
매트와 표적 방향이 일치되어 있는 연습장에서
방향의 설정 없이 맹목적으로 연습을 하게 되어
스스로 방향을 결정하여야 하는
경기에서 어려움을 겪게 된다.

올바른 정렬을 위한 연습 방법으로는
목표 방향과의 정렬과 스윙 자세를 확인하고
호흡을 가다듬으며 볼을 치는 연습을 하여야 한다.

6. 스윙

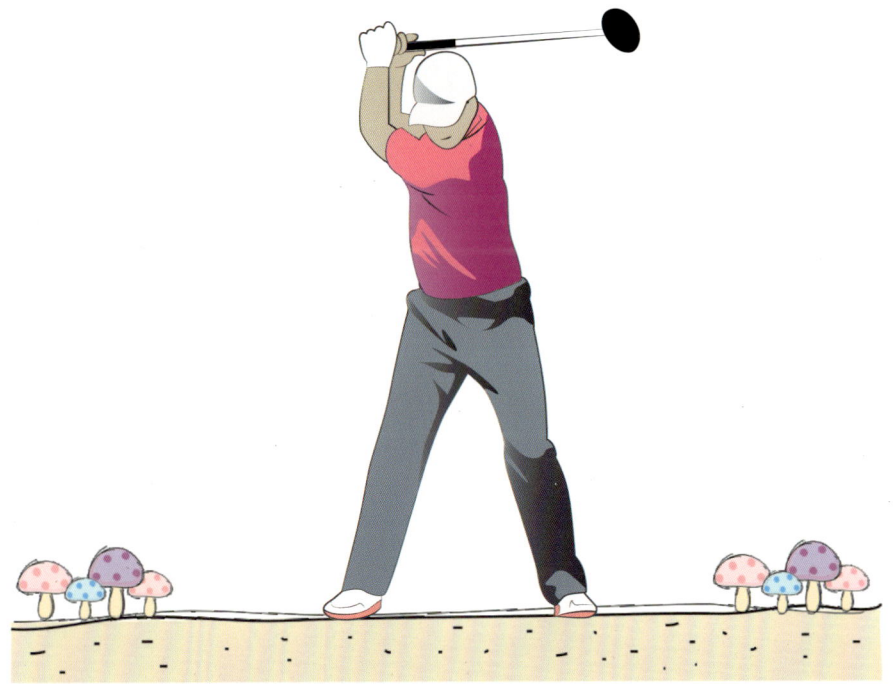

강력한 스윙 자세

올바른 준비 자세는 오른쪽 어깨를
왼쪽보다 약간 낮춘 상태로 상체를 기울여 주고
무릎을 편안하게 구부려
상체와 하체의 균형을 유지하여야 한다.

백스윙은 몸을 오른쪽으로 비틀어 주며
체중을 오른쪽으로 옮겨 주어
체중의 중심을 볼 뒤쪽에 두어야 한다.

다운스윙은 백스윙 시 이동한 체중을 왼쪽 다리로 가져가며
비틀린 몸통의 에너지를 임팩트 시 풀어 놓으며
볼을 타격을 할 때 강력한 스윙이 된다.

올바른 스윙 동작

파크골프를 잘하기 위해서는
스윙에 필요한 근육을 먼저 만들어
몸이 알아서 자연스럽게
올바른 스윙을 할 수 있어야 한다.

처음에는 어색하고 불편하지만 올바른 스윙 동작을
몸이 따라하도록 하는 것이 중요하며
몸이 편안하기 위하여 올바른 스윙 동작을
포기를 하면 실력이 향상될 수 없다.

실력자들이 올바른 스윙대신 편법 스윙을 하는 것은
정상적인 스윙을 완성하고 난 후
위기 상황을 벗어나기 위한 방법으로
일반적인 상황에서는 철저히 자제하는 스윙이다.

몸의 근육과 스윙

올바른 스윙 동작을 반복하는 연습은
몸이 알아서 스윙 궤도를 만들어 주는
무의식이 지배하는 스윙 감각을 만들어준다.

무의식이 지배하는 올바른 스윙 동작이 완성되면
스윙이 자연스럽게 되며 실력이 향상되지만
잘못된 스윙 동작의 반복은
좋지 않은 동작을 몸에 고착시키게 되어
되돌리려고 할 때 엄청난 노력을 하여야 한다.

올바른 스윙을 만들 수 있도록 몸의 근육을 만드는
반복 연습과 스윙 동작을 점검하는 것이
실력 향상의 지름길이 된다.

스윙을 위한 볼과의 거리

볼과의 거리를 체형에 맞게하는 준비 자세는
스윙 궤도를 일정하게 만들기 위한 최상의 방법이다.

양팔을 쭉 뻗는 준비 자세가 스윙 궤도를 크게 만들어
장타가 가능하다는 생각으로 볼과 거리가 멀어지게
준비 자세를 하면 임팩트 과정에서
체중이 앞쪽으로 쏠리며 척추의 각도가
앞으로 기울어지는 오류를 범하게 된다.

체형에 맞는 볼과의 거리를 유지할 때
정확하게 볼의 중심을 타격할 수 있게 되어
거리와 방향성을 보장 받게 된다.

스윙의 원리와 반복 연습

실력자가 되려고 하면
스윙의 원리를 잘 아는 지도사를 만나 배우는 것이
실력 향상의 지름길이다.

올바른 스윙에 대한 지식을 갖춘 지도사와 함께
스윙 동작과 신체의 변화를 느끼며
과학적으로 검증된 스윙 동작을
반복적으로 연습을 할 때 실력이 향상된다.

독학으로 스윙 기술을 습득한다는 생각과
선배들의 조언을 들으면 된다고 생각을 하는 순간
고귀한 시간의 낭비와 나쁜 동작을
몸에 익히는 결과가 된다.

스윙 자세에 대한 생각의 전환

스윙을 바르게 바꿀 수 있는
가장 좋은 방법은
올바르지 않은 스윙 동작에 대한
생각을 바꿀 때 가능하다.

스윙 동작을 바꾸려고 하면
바로 실천을 하여야 하며
올바르지 않은 스윙에 매달리게 되면
아무것도 바꿀 수 없다.

실수를 줄이기 위한 스윙

올바르게 스윙을 변화시켜 실수를 줄이려고 하면
기존의 스윙 속에 내재 되어 있는 잘못된 생각과
습관을 버리고 변화된 스윙을 하여야 한다.

경기 중 실수에 대해서는 엄격하게 분석을 하며
두 번의 실수를 되풀이 하지 않으려고 하여야 하며
반성보다 실망을 하며 포기를 하면 안된다.

실수를 줄이기 위한 최고의 방법은
올바른 생각과 자신을 다스리려고 하는 정신력을 갖고
그동안 가꾸어 온 실력을 발휘할 때 가능하다.

몸통을 이용하는 스윙

몸통을 이용하는 스윙은 정확한 임팩트를 만들고
헤드스피드를 높여 거리를 낼 수 있는
최상의 방법이다.

몸통으로 하는 다운스윙의 핵심은
오른쪽 팔꿈치를 옆구리에 붙이며
그립의 끝부분을 볼을 향하여 끌고 내려 올 때
몸통을 이용하는 스윙이 만들어진다.

몸통 중심으로 클럽을 회전시키며
단단한 하체를 기반으로 스윙을 할 때
헤드스피드가 증가하고
임팩트가 정확하게 되어 거리와 방향성
모두를 얻게 된다.

스윙 중 시선고정은

스윙의 핵심은 임팩트에서 피니쉬 직전까지
시선은 볼이 있었던 곳을 보고 있어야 한다.

볼을 때리는 순간 머리와 시선이
볼보다 먼저 목표 방향으로 나가게 되면
몸의 중심축이 흔들리게 되어
정확한 임팩트가 이루어지지 않게 된다.

올바른 임팩트를 하기 위해서는
헤드가 목표 방향으로 볼을 치고 나간 다음에도
시선은 볼이 있던 자리에 머물러 있어야 한다.

임팩트 순간 볼이 있던 자리에
시선이 머무르게 하려고 하면
준비 자세시 머리와 턱을 오른쪽으로 약간 돌려주면
임팩트가 이루어지는 동안
시선은 자연스럽게 볼이 있던 자리에 머물러 있게 된다.

머리의 위치를 지키는 스윙은

올바른 스윙의 비결은
기본 자세를 유지하고 임팩트를 하는 동안
머리의 위치를 볼 뒤로 유지하여야 한다.

백스윙을 천천히 하여 오버스윙이 되지 않도록
머리 위치를 지켜줄 때
클럽 헤드의 컨트롤을 높여 주어
정확한 스윙 궤도를 유지하는 스윙이 가능하게 된다.

스윙 중 머리가 볼에서 멀어지거나
지나치게 움직이게 되면
상체가 과도하게 흔들리게 되어
올바른 스윙 동작을 만들어 내기가 힘들게 된다.

최고의 스윙은 좋은 리듬을 갖고 머리의 위치를 지키며
스윙을 피니쉬까지 완벽하게 할 때
가능하게 된다.

왼팔을 펴야 하는 이유는

왼쪽 팔꿈치가 구부러지는 백스윙을 하면
손으로만 클럽을 들어 올리게 되어
왼쪽 어깨의 회전을 이용하지 못하고
손으로만 휘두르는 나쁜 스윙을 하게 된다.

왼팔을 펴 주는 백스윙을 하면
왼쪽 어깨의 회전을 쉽게 하여
오버스윙의 실수가 없어지게 되고
몸통이 함께 하는 백스윙을 만들어 주어
다운스윙시 강력한 파워를 얻게 된다.

백스윙 탑에서 왼손 팔꿈치가 구부러지게 되면
그립을 잡은 왼쪽 손목이 풀어지게 되며
오버스윙 동작을 만들게 되어
정확한 스윙 궤도를 유지하지 못하게 된다.

다운스윙시 오른팔의 역할은

방향성과 거리를 동시에 잡을 수 있는
올바른 스윙은 다운스윙을 할 때
오른쪽 팔꿈치를 옆구리에 붙이고
오른쪽 어깨의 움직임이
헤드의 스윙 궤도를 따라 가도록 하여야 한다.

다운스윙시 어깨가 수평으로 회전을 하여
오른쪽 팔꿈치가 옆구리에서 떨어지게 되면
바깥쪽에서 안쪽으로 당겨치는
올바르지 않은 스윙이 된다.

올바른 다운스윙을 하기 위해서는
왼쪽 등이 목표 방향을 오래 바라볼 수 있도록
오른쪽 어깨를 떨어뜨리며
오른쪽 팔꿈치를 옆구리에 붙이며 내려오는
다운스윙을 하여야 한다.

스윙을 위한 리듬과 템포는

스윙의 성공을 위해서는
일정한 리듬과 템포로
자신의 스윙에 집중을 하는 습관과
위험한 지역을 파악하고 홀을 이해하며
공략을 하는 스윙 방법을 터득하여야 한다.

원하는 거리와 목표 방향으로 볼을 보내기 위해서는
일정한 리듬과 템포로 안전하고 확률이 높은
스윙을 하여야 한다.

준비 자세를 한 후 집중을 하지 못하고
시간을 오래 끌며 하는 스윙은
몸이 긴장된 상태로 시간이 길어지게 되어
일정한 리듬과 템포로 스윙을 하기가 어렵게 된다.

무릎의 균형 유지

양쪽 무릎의 높이와 균형을 유지하는
스윙을 할 때 볼을 정확하게
임팩트를 할 수 있다.

백스윙 탑에서 임팩트와 피니쉬로 갈 때
양쪽 무릎의 균형을 유지하여야 하며
무릎의 급작스러운 변화는
스윙의 일관성과 파워를 잃게 한다.

백스윙에서 피니쉬로 가는 과정에서
양쪽 무릎에 가해지는 힘의 균형 유지와
무릎의 견고함은 파워를 내는 동력으로
스윙의 정확도를 가늠하는 척도가 된다.

오른쪽 어깨와 골반은

올바른 스윙을 위해서는
백스윙에서 만들어진 에너지의 최대치를
볼에 전달을 하여 주어야 한다.

다운스윙을 시작할 때
오른쪽 어깨와 골반이 헤드보다 먼저 회전을 하며
앞으로 나오지 못하도록 하여 임팩트가 이루어지면
파워와 방향성을 얻게 된다.

오른쪽 골반과 어깨가
먼저 회전을 하는 스윙의 실수를 방지하려고 하면
백스윙 시 회전을 한 오른쪽 어깨를 뒤쪽에 두고
손이 먼저 내려오는 스윙을 하여야 한다.

상체와 하체의 역할은

올바른 스윙으로 방향성과 거리를 보장 받으려고 하면
상체의 비틀림을 하체가 받쳐 주고
허리의 회전 동작을 왼쪽 골반과 다리가 밀리지 않고
버티어 주어야 한다.

스윙 동작의 완급을 생각하지 않고
상체와 하체를 동시에 한쪽으로 움직이며
스윙을 하려고 하는 것은 잘못된 방법이다.

올바른 다운스윙은
왼쪽 허벅지가 밀리지 않도록 버티며
왼쪽 허리를 회전시킬 때 가능하게 된다.

헤드 중심에 볼을 맞추려면

헤드페이스 중심에 볼을 정확히 맞추어 줄 때
에너지 전달을 최대화시켜 볼을 멀리 보낼수 있다.

준비 자세 때 만들어진 척추선 중심을 따라
골반과 어깨와 머리가 회전을 할 때
헤드 중심에 볼을 맞출 수 있게 되어
거리와 방향성을 높게 한다.

백스윙의 탑 단계에서 머리와 어깨 그리고 골반이
각각의 일정한 회전 궤도를 구축하여
서로 조화를 이루는 회전을 만들어 줄 때
헤드페이스의 중심에 볼을 맞출 수 있다.

머리와 어깨, 골반 중
어느 하나가 스윙 궤도를 벗어나게 되면
헤드 중심에 볼이 맞지 않고 빗맞는 타격을 하게 된다.

왼팔과 오른팔의 역할은

시작부터 끝까지 옆으로 서서 볼을 보내는
특이한 동작을 하는 파크골프는
클럽을 움직이는 동작도 어색하고 불편하여
스윙 방법을 습득하기가 쉽지 않다.

스윙 방법은 크게 두 가지로
오른손을 주로 사용하며 힘으로 때리는 단순한 스윙과
힘으로 때리기 보다는 왼손을 사용하여
헤드의 스피드로 볼을 타격하는 스윙 방법이 있다.

오른팔을 주로 이용하여 힘으로 때리는 스윙은
배우기가 쉬운 장점이 있지만
방향과 거리 조절이 정교하지 않은 단점이 있으며
왼손을 이용하여 헤드 스피드로 하는 스윙은
배우기가 어렵지만
방향과 거리 조절을 정교하게 할 수 있는 장점이 있다.

오른쪽의 어깨의 움직임

올바른 백스윙을 하여도
다운스윙 동작의 순서가 바뀌게 되면
임팩트 시 강력한 파워를 만들어 낼 수 없다.

다운스윙을 시작할 때
오른쪽 어깨는 정지한 상태로 유지시켜 어깨나 골반이
하체보다 먼저 회전을 하지 않도록 하여야 한다.

오른쪽 어깨의 움직임을 자제시키려고 하면
그립을 잡은 두 손을 오른쪽 무릎 방향으로
끌고 내려온 후 왼쪽 다리가 회전을 하면서
목표 방향으로 클럽 헤드를 이끌고 나가야 한다.

오른쪽 어깨와 골반이 지나치게 먼저 열리며 생기는
오버스윙을 하면 다운스윙시 보상 동작이 필요하게 되어
방향성과 거리를 잃게 된다.

오른쪽 어깨는 스윙 궤도와 같게

오른쪽 팔꿈치를 옆구리에 붙이며
오른쪽 어깨의 움직임을
스윙 궤도와 같게 할 때 최고의 스윙이 만들어진다.

올바른 IN-OUT 스윙은
오른쪽 팔꿈치를 옆구리에 붙이며
오른쪽 어깨가 스윙 궤도를 따라 내려와야 하며
이 동작은 손과 팔로 만들어내는 것이 아니라
오른쪽 어깨의 움직임으로 만들어야 한다.

올바르지 않은 OUT-IN 스윙은
어깨의 기울임을 제대로 하지 않을 때 생기므로
준비 자세시 어깨를 목표 반대 방향으로 기울여 주어
IN-OUT으로 스윙을 할 수 있도록 하여야 한다.

빠르고 강한 스윙

강력한 스윙은 복근과 허리근육, 장딴지 근육을 사용하여 클럽 헤드의 원심력을 극대화 시키는 동작을 하여야 한다.

스윙을 빠르고 강하게 하기 위해서는
볼 10cm 앞에 있는 가상의 볼을
치고 나간다는 생각으로 헤드를 낮고 길게
회전을 시켜 주어야 하며
머리의 위치는 볼 뒤에 두고 하체의 무게 중심을
왼쪽 발바닥과 허리 쪽으로 이동을 시켜야 한다.

강력한 스윙은 백스윙 탑 동작에서
오른발 안쪽에 무게 중심을 실어주고
다운스윙 시 무게 중심을 왼발로 이동시키며
왼쪽에 단단한 벽을 만들어 주어야 한다.

스윙에서 근력은

강인한 근력을 가진 파크골퍼가
강한 스윙을 할 수 있는 확률이 높아지고
왜소한 체격에 근력이 약한 골퍼는
강한 스윙을 할 수 있는 확률이 낮아지게 된다.

강인한 근력의 파크골퍼는
80%의 힘으로 스윙을 하여도
충분한 거리로 보낼 수 있지만
근력이 약한 골퍼는 100%가 넘는 힘으로
스윙을 하여도
볼을 멀리 보내는 스윙이 어렵게 된다.

근력이 없는 상태에서 거리를 늘리려고 하면
한계가 있으므로 스윙 동작에 필요한
근육과 근력을 키우는데 노력을 하여야 한다.

과도한 상체의 중심 이동

실력을 높이려고 하면
몸의 긴장을 풀고 클럽과 몸의 움직임을
일체화 시키며
거리와 방향에 맞는 올바른 스윙을 하여야 한다.

상체의 과도한 상하좌우의 중심 이동은
스윙의 정확성을 떨어뜨리는 원인이 되므로
상체의 중심을 지키며
견고한 하체를 기반으로
올바른 스윙을 할 때 거리와 정확성을 얻게 된다.

거리 조절을 위한 체중 이동은

낮은 스코어를 위해서는
체중을 이용하여
거리를 섬세하게 나누어 조절을 할 수 있는
스윙 능력을 갖고 있어야 한다.

거리 조절을 위한 체중의 이동 방법은
정상적으로 체중을 이동시키며
볼을 멀리 보내기 위한 방법과
반대로 체중의 이동을 막으며 짧은 거리와
내리막에서 유용하게 거리를 조절하는 방법이 있다.

거리 조절을 위한 방법은

거리를 조절하는 일반적인 방법은
스윙의 크기로 거리를 조절하는 것으로
풀스윙과 1/2, 1/4 등의 스윙 크기에 따르는
거리를 자기 자신의 기준에 맞게 익혀 두어야 한다.

거리를 조절하는 한 단계 더 높은 고급 기술은
스윙 크기와 헤드의 스피드를 혼합시켜
거리를 조절하는 방법으로
더욱 정밀한 거리감을 얻을 수 있으며
고급 기술의 핵심은
스윙의 크기가 커지면 커질수록
헤드의 스피드를 빠르게 하여야 한다.

체중의 이동은 볼의 방향으로

올바른 스윙의 결과를 얻기 위해서는
임팩트 지점까지 체중의 이동을
저중심으로 하여 클럽 헤드를
볼의 방향으로 이동시켜야 한다.

임팩트 후에는 클럽 헤드가
목표 방향으로 회전할 수 있도록
체중을 이동 시켜줄 때 올바른 스윙이 된다.

백스윙 탑 동작에서 다운스윙시
그립을 잡은 손에 재차 힘을 주며
되잡으며 하는 스윙은 체중의 이동을 방해하여
스윙의 실수로 이어진다.

헤드 스피드를 위한 손목은

헤드 스피드를 높이기 위해서는
올바른 그립과 악력으로 잡고
손목을 유연하게 하여야 한다.

그립을 꽉 쥐거나 약하게 잡으면
헤드 무게를 느끼지 못하게 되어
헤드 스피드를 높일 수가 없다.

헤드 스피드를 높이기 위해서는
손가락 위주로 그립을 견고하게 잡고
손목의 코킹을 하여 임팩트 이전에
코킹이 먼저 풀리지 않도록
손목의 각도를 유지하여야 한다.

헤드 페이스의 열리고 닫힘은

헤드 페이스가 열리고 닫히는
스윙을 하여야 한다.

헤드 페이스는 백스윙을 시작하면서 열리고
임팩트 시 볼과 직각이 되고
임팩트 이후에 닫히게 할 때
정상적인 스윙이 가능하게 된다.

헤드 페이스 방향을 백스윙부터 피니쉬까지
볼을 바라보게 하려고 하는 스윙은
정상적인 스윙을 방해하게 된다.

헤드 스피드를 높이려면

헤드 스피드를 빠르게 하기 위해서는
손목의 코킹을 유지하면서
임팩트 직전인 왼쪽 허벅지까지
그립의 끝부분을 끌고 내려오는 동작을 하여야 한다.

왼쪽 허벅지까지 헤드보다 낮게 끌고 온 두 손을
임팩트 지점을 통과할 때
헤드의 무게를 이용하여
클럽 헤드를 빠르게 회전을 시킬 때
헤드 스피드가 증가하게 되어
거리와 방향성을 얻게 된다.

헤드 스피드로 거리를 늘리려면

방향성에 파워를 더해 거리를 늘리려고 하면
헤드 스피드를 높이는 과감한 스윙이 필요하다.

거리를 늘리기 위한 스윙은
가슴과 어깨의 큰 근육이 균형을 유지하여 주고
손목과 팔뚝의 작은 근육이
헤드 스피드와 파워를 만들어 내어야 한다.

헤드 스피드를 높이기 위해서는
백스윙을 할 때 등이 목표 방향을 향할 때까지
왼쪽 어깨를 돌려주는 충분한 어깨의 회전이 필요하다.

다운스윙 시 손보다 헤드가 앞서지 않도록 하여
임팩트 순간 헤드가 손보다 앞서나가게
회전을 시켜 줄 때 헤드 스피드가 높아지게 된다.

다운스윙을 잘하려면

손목의 코킹을 사용하지 않고
팔로만 백스윙을 하거나
손목을 너무 많이 꺾어 빠른 코킹을 하는
백스윙을 하면올바른 다운스윙을 할 수 없다.

올바른 다운스윙을 위한 백스윙은
왼팔을 가슴쪽으로 밀착시키며
어깨를 회전시킬 때 가능하게 된다.

올바른 다운스윙은
오른쪽 팔꿈치를 옆구리에 붙이며
그립 끝을 왼쪽 허벅지 쪽으로 끌어 내려줄 때
손목의 코킹을 오래 유지 시킬 수 있어
손목이 쉽게 풀리며
파워가 손실되는 것을 막아준다.

임팩트를 위해서는

스윙을 시작하여 피니쉬 동작까지 균형을 갖추며 완성하였을 때 멋진 임팩트가 만들어진다.

올바른 백스윙 탑 동작은 오른쪽 다리와 골반의 높이를 준비자세 상태로 유지하고 등과 허리의 근육을 목표방향으로 최대한 비틀어 주며 오른쪽 발에 체중을 실어주어야 한다.

다운스윙 동작은 왼쪽 다리로 체중을 이동시키며 두손을 허리 높이까지 코킹을 유지하며 끌고 내려올 때 빠른 헤드 스피드를 얻게 된다.

올바른 임팩트를 위해서는 그립의 끝부분을 왼쪽 허벅지까지 코킹을 유지하며 끌고 내려온 후 하체를 이용하여 클럽 헤드를 회전시키기 위한 견고한 중심유지와 균형이 필요하다.

왼쪽 어깨의 회전

파워를 높이기 위한 상체의 백스윙 동작은
왼쪽 등이 목표 방향을 가리키도록 하여야 한다.

백스윙 탑 동작에서 다운스윙으로 전환을 할 때
허리와 어깨의 긴장감을 풀어버리게 되면
상체와 하체의 균형이 무너지게 되어
헤드가 스윙 궤도를 이탈하며 파워를 잃게 된다.

왼쪽 어깨를 충분히 회전시켜줄 때 생기는
상체의 비틀림을 하체를 이용하여 클럽 헤드가
스윙 궤도를 따라가도록 스윙을 하여야 한다.

하체를 이용하는 스윙의 장점은 그립을 잡은 손목의 코킹을
임팩트 구간에서 목표 방향으로 회전시켜 주며
헤드 스피드를 급증시켜 주는 것이다.

하체를 이용 하는 스윙 궤도

올바른 스윙을 위해서는
손과 팔 중심의 상체 스윙 동작보다
상체의 스윙 동작을 받쳐 주는
하체의 역할에 중점을 두어야 한다.

올바른 스윙 궤도로 클럽 헤드를
회전을 시키려고 하면 하체의 안정된 움직임이
절대적으로 필요하며 하체가 경직되거나
과도하게 움직이게 되면 스윙 궤도를 이탈하게 된다.

하체가 안정되지 않은 상태에서 스윙을 하면
몸이 바깥으로 회전을 하였다가
안쪽으로 당겨치는 나쁜 스윙 형태인
OUT-IN 스윙을 만들게 된다.

완벽한 피니쉬 동작은

완벽한 피니쉬 동작은
안정된 스윙 궤도를 유지하며
몸의 균형을 잡아 주는 것으로
방향성과 거리를 얻는 좋은 방법이다.

안정된 피니시 자세는
임팩트 동작을 완벽하게 수행하였을 때
완성될 수 있으며 부상의 방지와
방향성과 거리를 위해서도 꼭 필요하다.

안정된 피니쉬 동작을 만들려고 하면
회전축이 되는 왼쪽 발목으로
체중을 이동시켜 주는 스윙을 하여야 한다.

몸통으로 스윙을 하면

몸통을 이용하는 스윙이 장타의 비법이며
정확한 임팩트를 만들고
헤드 스피드를 높일 수 있는
최상의 방법이다.

몸통을 중심으로 하는 상체의 움직임을
단단한 하체가 받쳐주며
클럽 헤드를 회전 시켜줄 때
헤드 스피드가 증가하고
임팩트가 정확하게 되어 거리와 방향성 모두를
얻을 수 있는 멋진 스윙이 된다.

7. 티샷

코스 공략으로 스코어를 줄이려면

코스 공략에 대한 전략을 세우지 않고
경기를 하게 되면 코스의 난이도가 있는 홀에서는
실력의 부족보다는 전략의 부재로
실수를 하며 스코어를 잃게 된다.

자신의 실력보다 볼을 더 멀리 보내려고 하면
작은 실수를 하여도 최악의 샷이 될 수 있으므로
욕심을 버리고 자신의 실력에 맞는 전략을 세우며
공략을 하여야 한다.

티샷의 실수로 홀까지 거리가 많이 남았을 때
한번의 어프로치 샷으로 볼을 홀컵에 붙이려고 하는
위험한 공략보다는 다음 샷으로 컵인을 시키기
좋은 곳으로 볼을 보내야 한다.

홀컵과의 거리가 먼 퍼팅은
두번의 퍼팅으로 컵인을 하려고 하는 마음 자세가
현명하게 코스 공략을 하는 방법이다.

올바른 샷과 평정심

올바른 샷은 부드러운 스윙동작에서 만들어지며
몸에 힘이 들어간 경직된 상태에서의 샷은
좋은 결과를 얻을 수 없다.

힘을 빼고 가볍게 스윙을 할 때
경쾌한 타구음을 내며 볼이 멀리 나아가지만
긴장된 상태로 힘을 주며 때리는 스윙은
올바른 샷이 불가능하게 된다.

올바른 샷을 위해서는 실패한 퍼팅이나
악몽의 OB등 지난 홀의 결과는 빨리 잊어야 한다.

경기는 이기는 것 보다
패배하는 경우가 더 많으므로 경기 중 화를 내거나
자기합리화를 하여서는 안되며 마음을 비우고
평정심을 빨리 찾을 때 올바른 샷이 되살아 난다.

방향성을 위한 왼쪽 팔꿈치는

임팩트 순간 왼쪽 팔꿈치가
오른손에 의해 구부러지며 볼을 때리게 되면
부정확한 임팩트가 이루어지게 되어
방향성을 잃게 되므로
왼쪽 팔꿈치를 편 상태로 볼을 맞추어야 한다.

티샷이 방향성을 잃으며
불안한 상태가 지속되고 있다면
볼의 방향성은 왼손의 각도에 영향을 받으므로
임팩트 순간의 왼팔을 살펴보는 것이 중요하다.

임팩트시 왼팔이 구부러지면
스윙의 궤도가 오른쪽 방향으로 밀리게 되고
두팔이 모두 구부러지면 왼쪽으로 당겨지게 되어
제대로 된 힘이 헤드에 전달되지 못하게 되어
거리와 방향성을 잃게 된다.

헤드 스피드를 극대화 시키기 위해서

티샷을 멀리 보내기 위해서는
몸에 힘을 빼고 스윙크기보다 헤드 스피드를
극대화 시키는 스윙을 하여야 한다.

힘을 빼는 목적은 클럽의 회전을 방해하는
요소들을 없애고 헤드 스피드를 극대화 시키는
스윙 궤도를 만들어 내기 위해서이다.

헤드 스피드는 팔꿈치와 손목의 적절한 꺽임에 따라
달라지게 되므로 손목으로 연결된 클럽이 조화롭게
회전을 하도록 각각의 요소들이 타이밍에 맞추어
동작을 할 때 헤드 스피드가 높아지게 된다.

헤드 스피드를 극대화 시키기 위해서는
몸이 고정이 되어야 하는 부분은 철저히 고정을 시키고
움직이어야 하는 부분은 순차적으로 타이밍을 맞추며
움직여 주어야 한다.

티샷의 정확성

티샷의 정확성을 높이기 위해서는
실수에 대한 심리적인 부담을 떨쳐 버리고
리듬과 템포에 집중을 하며
자신이 의도하는 스윙을 하여야 한다.

스윙의 리듬과 템포를 일관되게 하여
정확성을 높이려고 하면
백스윙은 천천히 하고 다운스윙은
상체의 움직임을 억제하며 하체가 리드하는 스윙으로
강력한 임팩트를 만들어야 한다.

티샷의 정확성을 향상시키기 위해서는
리듬과 템포를 유지하며
어깨가 회전하는 동안 무릎과 골반의 동작을 억제시키며
하체의 비틀림을 최대치로 높여 주어야 한다.

공략을 위한 샷은

홀을 공략하기 위해서는 페어웨이 전체를 살펴보면서
목적지의 경로에 대한 위험 요소를 파악하고 난 후
최대한 안전한 방향과 지점을 선택하여야 한다.

오르막과 내리막 그리고 좌우측 경사와
장애물에 의한 볼의 변화를 이해하는
다양한 샷이 가능하다면
코스를 공략하는 것이 훨씬 쉬워진다.

티샷의 경우 홀컵 후방이 내리막일 때는
홀컵 앞쪽에 짧게 보내야 하며 반대로 홀컵 후방이
오르막이거나 공간이 여유 있는 경우에는 과감하게
공략을 하여야 한다.

안정적인 임팩트

안정적인 임팩트를 위해서는
스탠스를 어깨 넓이보다 약간 넓게 하고
체중은 저중심을 유지하며 발끝 라인과 어깨 라인을
목표 방향에 일치하도록 준비자세를 하여야 한다.

손목에 과도한 힘이 들어가게 되면
뒤 땅이나 토핑의 실수가 생길 수 있으므로
그립을 잡은 손의 악력을 백스윙부터 피니쉬 동작까지
일관되게 유지시킬 때 올바른 스윙이 된다.

올바른 샷을 위한 백스윙 탑 동작은
몸통을 이용하여 일정하게 만들어 주고
피니쉬 동작은 균형을 유지하여야 한다.

거리감과 방향성이 좋은 안정적인 임팩트를 위해서는
손목의 힘을 일정하게 유지하는 것이 중요하다.

티샷을 안전한 곳으로

티샷을 안전한 곳으로 보내려고 하면
머리를 볼 뒤쪽에 위치시키고
왼팔과 샤프트가 오랫동안 일직선을 유지한 상태로
임팩트가 이루어져야 한다.

티샷이 멀리 나가도 러프나 벙커에 볼이 빠지면
좋은 경기를 펼치기가 어렵게 되므로
거리가 짧게 나가도 볼은 안전한 곳으로 보내야 한다.

티샷을 정확하고 안전하게 하려고 하면
팔과 몸을 조화롭게 임팩트 단계로 이끌어야 하며
임팩트 후에도 양팔과 어깨 사이에 형성된 삼각형을
피니쉬로 이어지는 동작 전까지 유지하여야 한다.

손목의 코킹과 체중의 이동

볼을 멀리 보내려고 하면
클럽 헤드를 최대한 머리 뒤 등쪽에 두는 백스윙을 하고
손목의 꺾임과 체중을 이용하는
다운 스윙으로 강력한 임팩트를 만들어야 한다.

헤드업을 의식하여 머리를 고정한 상태로
백스윙을 하면 몸이 경직되어
어깨에 힘이 들어가며 손목의 코킹과
체중의 이동을 방해하여
볼의 방향성과 거리를 잃게 된다.

올바른 손목의 코킹과 체중의 이동을 위해서는
백스윙을 할 때 왼쪽 팔꿈치가
오른쪽 팔꿈치 보다 높게 유지되어야 하며
임팩트 구간을 지났을 때의 왼쪽 팔꿈치는
오른쪽 팔꿈치보다 낮게 유지되어야 한다.

팔과 머리 위치의 조화는

티샷을 안전한 곳으로 보내기 위해서는
팔과 어깨가 조화를 이루며
클럽 헤드가 왼손을 앞질러 나가지 못하도록
다운스윙을 하고 머리를 볼 뒤쪽에 두고
임팩트를 하여야 한다.

임팩트시 머리가 볼 앞쪽으로 움직이게 되면
헤드 페이스와 볼이 같은 방향으로
접촉하는 시간이 짧아지게 되어
방향성과 거리를 잃게 된다.

헤드 페이스가 타깃 방향으로
볼과 직각으로 유지하는 시간을 길게하는
임팩트를 할 때 거리와 방향성을 얻게 된다.

티샷 거리를 늘리려면

볼을 멀리 보내는 스윙의 원리를 이해하며
손목의 코킹 능력을 가지게 될 때
티샷 거리는 늘어나게 된다.

손목의 코킹 동작이
볼을 멀리 보내는 중요한 역할을 하므로
다운스윙 시 손목의 코킹을 풀지 않고
왼쪽 허벅지까지 그립 끝을 끌고 내려와야 한다.

스윙시 과도한 손목의 코킹 동작은
서리 향상에 도움이 되지 않으므로
백스윙시 몸의 움직임에 맞추어 코킹을 한 뒤
임팩트 직전까지 코킹이 풀리지 않도록 끌고 내려올 때
거리와 방향성 모두를 얻을 수 있는
강력한 스윙이 만들어진다.

헤드 스피드를 높이려면

헤드 스피드를 높이기 위해서는
백스윙 자세를
왼쪽 등이 목표 방향을 향하도록
어깨를 비틀어 줄때
헤드 스피드가 높아진다.

파워를 더해 거리를 늘리고 싶다면
임팩트 지점에서
헤드 스피드를 최대로 올려야 한다.

헤드 스피드를 위해서는
그립은 잡고는 있으나 꼭 쥐지 않는 힘으로 잡고
손목의 유연함을 이용하는 스윙을 할 때
헤드 스피드가 높아진다.

거리와 방향성을 위하여

티샷 거리를 멀리 보내려고
힘을 주며 볼을 세게 때리려고 하면 할수록
거리는 줄어들고
실수가 늘어나게 된다.

티샷 거리를 만드는 원동력은
볼을 때리기 위한
손과 팔의 힘이 아니라
헤드의 무게와 스피드를 이용하는 스윙이
거리를 늘어나게 하며
방향성을 좋게 한다.

파워 향상을 위한 오른쪽 무릎은

티샷의 파워 증대를 위해서는 준비 자세부터
피니쉬까지 오른쪽 무릎을 약간 구부린 상태로
유연하게 유지를 하여야 한다.

준비 자세부터 피니쉬 단계까지 오른쪽 무릎을
유연하게 구부린 상태를 유지하는 스윙을 하게 되면
정상적으로 체중의 이동이 쉽게 되어
좋은 방향성과 거리를 얻게된다.

티샷의 거리를 늘리려고 백스윙을 너무 크게 하면
오른쪽 무릎이 펴지며
어깨가 지나치게 높아지게 되어
체중이 반대로 이동되는 결과가 되며
현저한 파워의 손실을 가져온다.

티샷을 위한 하체는

티샷을 멀리 보내려고 힘을 주어 때리면
반대로 거리가 짧아지게 된다.

티샷의 거리와 방향성을 동시에 충족시키려고 하면
임팩트 시 오른쪽에 있는 체중을 왼쪽 다리에 싣고
단단한 벽을 만들어 주며
클럽 헤드를 목표 방향으로 회전을 시켜야 한다.

거리와 방향성을 높이기 위하여
클럽 헤드를 목표 방향으로 회전을 시키려고 하면
하체가 다운스윙을 주도하며
왼쪽 어깨 중심을 축으로
스윙궤도를 이끌어 내어야 한다.

스코어를 줄이려면

티샷을 안전한 곳으로 보내기 위해서는
볼이 일직선으로 가는 거리와 지형에 따라
굴러가는 거리를 생각 하는 스윙을 할 때
거리와 방향의 정확도가 높아지게 되며
스코어가 줄어들게 된다.

경기 중 벙커나 러프에 볼이 빠져
위기상황에 닥쳤을 때
홀컵을 향하여 하는 무리한 샷보다
안전한 탈출을 우선으로 하는 샷을 하여야 한다.

홀을 공략하기 위해서는 코스내 위험한 곳을
피하는 전략적인 공략이 필요하며
위험한 곳을 피해가기 위해서는
짧게 끊어치는 샷도 할 줄 알아야 한다.

홀의 특성에 맞는 티샷은

티샷을 성공시키려고 하면
거리보다는 방향성을 우선으로 하는 스윙을 하여야 한다.

티샷의 방향을 결정할 때에는 페어웨이 전반을 살펴보고
홀의 특성을 고려하여 볼이 목표에 이르는 이동 경로를
살펴보아야 한다.

티샷의 실수를 줄이기 위해서는 몸이 편한 상태가 되도록
긴장을 풀고 자신의 리듬과 템포로 스윙을 하여야 한다.

8. 임팩트

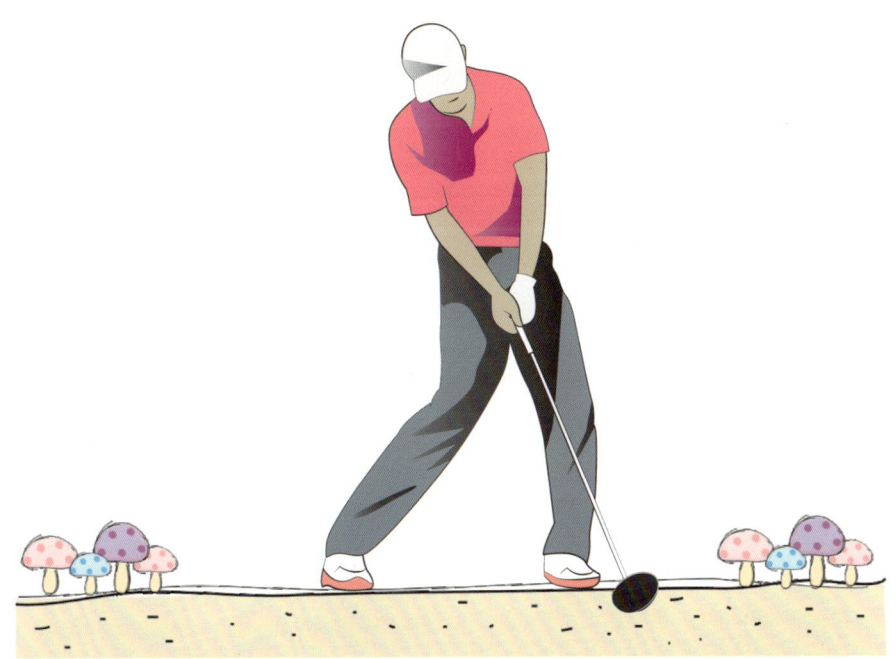

강력한 임팩트는

임팩트는 볼을 지나 가려고 하는
헤드의 원심력과
몸이 멈추려고 하는 힘이
충돌할 때 생기는 폭발력이다.

헤드의 원심력을 손과 몸을 이용하여
볼이 있는 지점에서 풀어주며 임팩트를 할 때
최고의 파워가 생기게 된다.

강력한 임팩트를 만들기 위해서는
백스윙으로 만들어진 상체와 하체의 비틀림이
헤드 스피드를 높여 줄 수 있도록
체중은 왼쪽 발바닥에 실어주고
머리는 볼 뒤쪽에 두어야 한다.

임팩트의 타이밍

안정된 피니쉬 자세를 위해서는
백스윙에서 다운스윙을 지나
임팩트 순간을 거쳐 피니쉬 단계까지 이어지는
정상적인 스윙 궤도를 만들어야 한다.

임팩트의 타이밍을 놓친다거나
체중 이동이 원활하지 못하게 되면
헤드의 무게 중심이 흐트러지며
스윙 궤도가 이탈하게 되어
불안정한 피니쉬 자세를 만들게 된다.

스윙의 실수를 줄이기 위한
안정된 피니쉬 자세를 만들려고 하면
완벽한 피니쉬 자세부터 시작하여
백스윙 탑 자세로 거꾸로 가는
스윙을 반복적으로 하는 연습이 효과적이다.

일관되고 강력한 임팩트는

올바른 백스윙 탑 동작은
무릎과 골반의 균형을 유지하고
등과 허리의 근육을 최대한 비틀어 주며
오른발에 체중을 실어 주어야 한다.

빠른 헤드 스피드로 임팩트를 하려고 하면
오른발에 있던 체중을
순식간에 왼쪽발로 옮겨주며
코킹을 유지한 상태로 그립을 잡은 두손을
왼쪽 허벅지까지 끌고 내려올 때
일관되고 강력한 임팩트를 만들 수 있다.

일관되고 강력한 임팩트를 위해서는
하체를 이용하여 헤드를 빠르게 회전을 시키며
견고한 몸의 중심 유지와 균형성이 함께 하여야 한다.

임팩트시 손과 헤드의 위치

클럽 헤드를 볼의 방향으로
떨어뜨리는 다운스윙은
임팩트를 위한 회전력을
생성시키기 위한 동작이다.

올바른 임팩트는
볼을 때리려고 하는 다운스윙을 자제하며
클럽을 잡은 손이 볼에 먼저 접근을 한 후에
헤드가 손을 앞질러 나가는
스윙을 하여야 한다.

손보다 헤드가 먼저 나가지 않도록

티샷 거리를 늘리려고 하면
백스윙에서 만들어진 비틀림을
다운스윙에서 최대한 오래 유지시켜 주고
임팩트에서 한 번에 풀어주며
헤드 스피드를 최대로 높여 주어야 한다.

백스윙을 할 때
상체와 하체의 비틀림이 클수록
더 많은 에너지와 추진력을 얻을 수 있으며
다운스윙시 손보다 헤드가 앞서나가지 않도록
임팩트 지점으로 접근을 시킬 때
헤드 스피드가 증가하게 된다.

티샷 거리를 멀리 보내려고
다운스윙을 힘을 주며 빠르게 하면
임팩트시 헤드 스피드가 오히려 떨어지게 되어
거리가 짧아지게 된다.

헤드 스피드와 무릎의 균형

티샷의 성공을 위해서는 하체의 움직임에 따라
상체가 클럽 헤드의 회전을 이끌며
오른쪽에 있던 체중을
왼발로 옮겨주는 스윙을 하여야 한다.

다운스윙은 상체와 하체의 균형을 유지하면서
그립을 잡은 두손의 코킹을 유지한 상태로
클럽 헤드를 임팩트 지점으로 끌고 내려와야 하며
임팩트 시점에서 코킹을 유지하지 못하고 풀리게 되면
헤드 스피드가 급감하며 방향성과 거리를 잃게 된다.

헤드 스피드를 높이기 위해서는
준비 자세 때 만들어진 스윙 축을
백스윙부터 피니쉬까지 철저하게 유지하고
무릎의 높이와 균형을 유지하여야 한다.

손목의 꺾임과 유연성은

코킹은 손목의 꺾임과 유연성으로 몸이 정지된 상태에서
클럽 헤드를 옆으로 회전 시키기 위해서는 꼭 필요한 동작이다.

코킹을 하지 않는 상태로 백스윙을 하게 되면
클럽 헤드를 원활하게 회전을 시켜줄 수 있는
손목의 동작을 할 수 없게 되어
스윙 궤도가 불규칙하게 만들어지며
헤드 스피드를 떨어뜨리는 원인이 된다.

손목의 코킹 유지에 실패하는 이유는
그립을 너무 강하게 쥐어 잡아
손목의 유연성을 잃게 되는 경우와
몸통을 움직이지 않고 어깨와 팔을 주로 사용하는 경우이다.

스윙 중 손목의 코킹을 유지하기 위해서는
몸통의 움직임에 따라 손목의 위치와 모양의 변화를 주며
하체가 손목의 코킹을 리드하는 스윙을 하여야 한다.

손목의 코킹을 임팩트 직전까지 유지

스윙 동작을 할 때 몸의 움직임을
헤드 스피드로 바꿔 놓는 능력이 부족하면
스윙의 효율성이 낮아지게 된다.

헤드 스피드를 빠르게 하기 위해서는
다운스윙시 손목을 이용하여 만든 코킹을
최대한 유지하면서 스윙의 최저점인
왼쪽 허벅지까지 끌고 내려오며
임팩트 직전까지 유지하여야 한다.

임팩트 직전까지 낮게 끌고 온 손목의 코킹을
클럽 헤드가 볼이 있는 스윙의 최저점으로 통과하도록
임팩트 지점에서 풀어주며 회전을 시켜줄 때
헤드 스피드가 높아지게 된다.

9. 어프로치

어프로치 샷의 성공

어프로치 샷의 성공을 위해서는
스탠스를 티샷 준비자세 보다 좁게 하고
머리의 위치는 볼 뒤에 두고
체중의 대부분을 왼발에 싣고
팔을 주로 사용하는 백스윙을 하여야 한다.

어프로치 샷은
하체 체중을 왼발에 이동시켜 놓고
다운스윙을 하여야 하며
헤드의 스피드와 스윙의 크기로
거리를 조절하여야 한다.

어프로치 샷의 핵심은
그립을 잡은 손과 몸이 하나로 연결되도록
왼쪽 손목을 꺾어주는 코킹을 하여
손과 몸의 연결고리를 지켜 줄 때
균형잡힌 어프로치 샷이 완성된다.

어프로치 샷을 위한 결정

목표 지점의 상황에 따라
볼을 끊어쳐서 직진으로 보낼 것인가와
경사를 이용하여 밀어쳐서
굴려보낼 것인가를 결정을 하고 난 후
어프로치 샷을 하여야 한다.

목표 지점의 경사가 좌측 또는 우측인가와
오르막 또는 내리막인가를 판단을 하고
자신이 갖고 있는 경험치를 이끌어 내며
그에 따르는 최선의 어프로치 샷을 할 때
좋은 결과를 얻게 된다.

어프로치 샷을 위한 조언

임팩트를 짧고 간결하게 한 후
클럽 헤드를 낮게 유지시키며
헤드 페이스를 목표 방향을 향하게 할 때
올바른 어프로치 샷이 된다.

어프로치 샷은 머리와 하체를 고정시키고
백스윙의 크기와 헤드 스피드로
거리를 조절하여야 한다.

어프로치 샷을 위해서는
클럽 헤드보다 두손이 앞서는 준비 자세를 하고
스윙을 하는 동안 체중이 이동하지 않도록
체중을 왼발에 실어 주고
팔을 제외한 몸의 움직임을 줄여야 한다.

어프로치 샷의 크기와 거리

어프로치 샷의 거리 조절은
힘의 크기로 하는 것 보다는
스윙의 크기와 헤드의 스피드로
거리를 조절하여야 한다.

1/2스윙, 1/4스윙, 3/4스윙 등
각각의 스윙 크기로 볼을 쳤을 때
자신만의 거리를 만드는 것이 중요하다.

스윙의 크기가 일정하여도
임팩트시 힘의 크기에 따라
거리가 달라질 수 있으므로
힘을 더해 주거나 빼면서 거리 조절을 하기보다는
스윙 크기에 따르는 헤드 스피드를 이용하여
거리를 조절하여야 한다.

실수를 줄이기 위한 어프로치

안정된 경기를 위해서는 OB를 내지 않고
벙커와 러프를 피해갈 수 있도록
어프로치 샷의 정확도를 높여야 한다.

벙커나 러프에 볼이 빠지게 되면
거리와 방향을 예측하기가 어려워
어프로치 샷에 무리가 따르게 되어
실수의 위험성이 높아지게 된다.

실수를 줄이기 위해서는
티샷으로 한 번에 홀을 공략할 것인가와
어프로치와 퍼팅으로 홀을 공략할 것인가를
판단하고 경기를 하여야 한다.

방향은 맞는데 거리가 맞지 않은 샷과
거리는 맞는데 방향이 맞지 않은 샷은
홀의 공략에 실패한 어프로치 샷이다.

10. 퍼팅

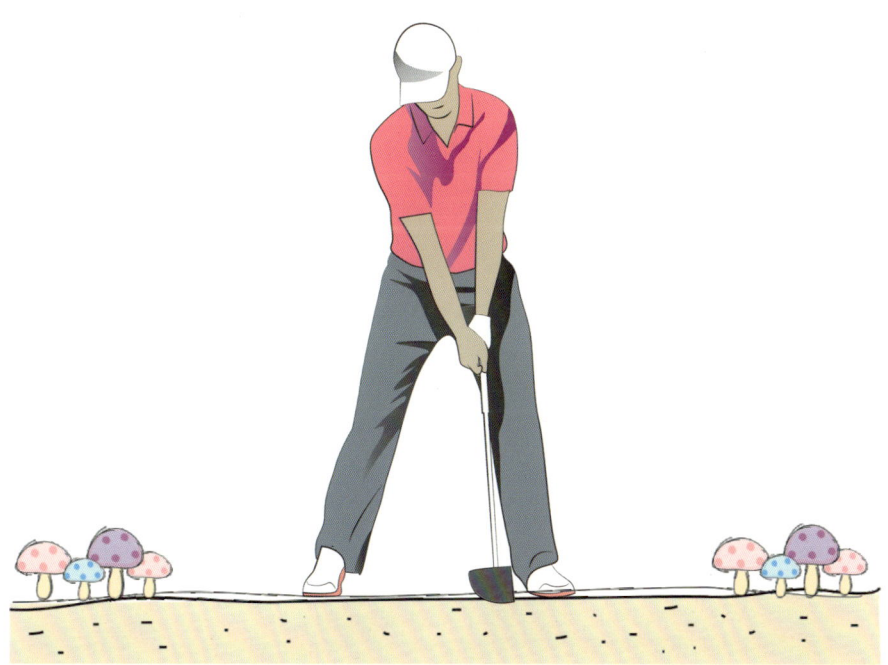

올바른 퍼팅을 위한 자세

퍼팅을 잘 하기 위해서는 성공시킬 수 있다는
정신력과 퍼팅의 궤도를 유지하여 주는
왼쪽 어깨와 오른쪽 어깨의 움직임을
올바르게 하여야 한다.

올바른 퍼팅은 그립을 잡은 두 손의 위치를
볼보다 앞서게 하고 헤드의 무게와 스피드로
스트록을 하는 동작이 힘의 전부가 되어야 한다.

퍼팅 그립을 잡을 때 어깨와 두 팔이 만드는
삼각형 모양 보다는 팔꿈치를 옆구리에 붙이며
오각형 모양을 만들 때 올바른 퍼팅 자세가 된다.

퍼팅의 성공을 위해서는 어깨와 손목의 사용을
자제하고 거리와 방향을 위하여 몸을 고정시키고
헤드 무게와 스피드를 이용하는 스트록을 하여야 한다.

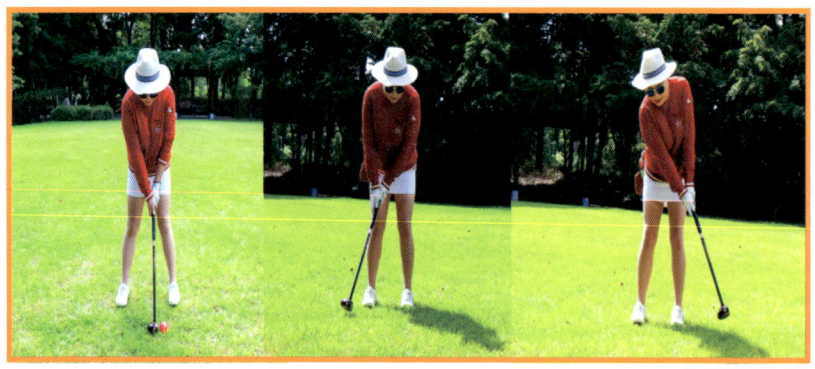

퍼팅 향상을 위한 그립

올바른 퍼팅을 위해서는
왼쪽 손목이 고정될 수 있도록 그립을 견고하게 잡고
오른쪽 손바닥은 가볍게 그립을 감싸 잡아야 한다.

왼손은 새끼손가락에 강하게 힘을 주어
손목 위주로 그립을 잡고
오른손은 검지 손가락을 방아쇠를 당기듯
오므린 형태로 감싸 잡아
손바닥이 그립과 밀착되도록 한다.

퍼팅의 성공을 위해서는 왼쪽 손등과
오른쪽 손바닥은 목표 방향을 향하게 하고
헤드의 무게와 스피드를 이용하는 스트록을 할 때
좋은 결과를 얻게 된다.

볼을 똑바로 보내려고
오른쪽 검지손가락을 곧게 펴고 그립을 잡으면
검지손가락을 곧게 펴기 위한 힘에 의해
오른쪽 어깨가 경직되어
자연스러운 어깨의 움직임을 방해하여
볼의 방향성을 나쁘게 한다.

퍼팅의 방향성과 거리감

볼의 속도와 그린의 기울기에 따라
변화하는 퍼팅선을 생각하여
방향과 거리를 맞출때 퍼팅의 성공률이 높아진다.

퍼팅의 방향성 향상을 위해서는
팔과 손목의 움직임을 자제하고
어깨의 회전을 이용하는 스트록을 할 때
방향성과 거리감이 높아진다.

퍼팅의 성공률을 높이기 위해서는
많은 실전 경험과 연습을 통한
스윙의 크기와 헤드 스피드에 따르는
거리감과 방향성을 가져야 한다.

실수를 줄이기 위한 퍼팅

짧은 퍼팅은 긴 퍼팅에 비해
간단해 보이지만 심적 부담이 크며
퍼팅의 결점을 노출시키게 되면
스코어에 직접적인 영향을 주게 된다

퍼팅은 볼의 위치와 잔디의 상태에 따라
홀 주변의 변곡점을 향하여
볼이 변화를 할 수 있는 속도로 보내야 한다.

변곡점을 생각하지 않고 홀컵을 향하여
일직선으로 볼을 보내게 되면
지형에 따르는 퍼팅선의 변화에 의해
빗나가는 퍼팅의 실수를 하게 된다.

퍼팅은 볼이 홀을 지나쳐
50cm정도 더 굴러갈 수 있도록 보낼 때
성공률이 높아지므로
자신감 있는 퍼팅을 하여야 한다.

퍼팅의 성공률을 높이려면

퍼팅의 중요성은 아무리 강조를 하여도
지나치지 않으며 자주 접하게 되는 짧은 거리의
퍼팅 성공률을 높일 때 스코어가 낮아진다.

퍼팅의 성공률을 높이기 위해서는 볼의 위치를
왼쪽 발끝이 아닌 발 뒤꿈치를 기준으로 놓아
퍼팅을 할 때마다 볼의 위치가
달라지지 않도록 하여야 한다.

올바른 퍼팅을 위해서는 헤드 중심에 가속을 붙여
볼을 스트록하는 데 주력을 하며
거리와 방향에 대한 자신감을 가져야 한다.

퍼팅시 헤드의 열림과 닫힘

퍼팅은 스윙의 원리와 같은 작은 스윙 동작으로
몸을 비스듬히 하여 사선으로
움직이는 회전운동을 하여야 한다.

퍼팅을 위한 백스윙 동작에서
헤드 페이스가 살짝 열리고
스트록을 할 때에는 헤드와 볼이 직각이 되고
스트록 이후에는 살짝 닫히는 것이
정상적인 퍼팅 동작이다.

헤드 페이스가 자신이 원하는 형태로
움직이는 걸 눈과 몸으로 확인을 하면서
헤드가 열리고 닫히는 걸 두려워하지 않을 때
퍼팅의 성공률이 높아진다.

퍼팅의 자신감은 곧 스코어

올바른 준비 자세를 하고
확신을 갖고 자신있는 퍼팅을 할 때
일관성이 있게 되어 퍼팅의 성공 확률이 높아지며
스코어가 낮아지게 된다.

퍼팅 준비 자세는
허리선이 지면과 수평이 되게 하고
등을 편 상태에서 머리를 숙여
왼쪽 눈 아래에 볼을 위치시키고
어깨와 몸통이 함께 움직이도록 하여야 한다.

퍼팅 그립은 왼손을 편안하게 내린 다음
새끼손가락을 강하게 하여 그립을 잡고
왼팔과 샤프트가 일직선을 이루게 하여
헤드가 목표 방향과 일직선으로 움직이도록
오른손으로 감싸 잡아야 한다.

두번의 실수를 하지 않는 퍼팅

퍼팅의 실수를 줄이려고 하면
실수를 바로 만회하려고 하지 말고
두 번의 실수가 되지 않도록 하여야 한다.

긴 거리 퍼팅을 할 때에는
홀컵에 볼을 바로 넣으려고 하는 것보다
홀컵에 가깝게 붙이려고 하여야 한다.

긴 거리의 퍼팅을 두 번의 퍼팅으로
성공 시키려고 할 때
한 번에 성공이 되는 경우는 있지만
한번의 퍼팅으로 성공 시키려고 하다가
실패를 하면 세 번의 퍼팅을 하는 경우가 생긴다.

퍼팅의 실패 요인은

퍼팅 스트록을 한 후 헤드가 급격하게
떠오르지 못하도록 낮게 유지시킬 때
헤드업이 방지되며 퍼팅의 성공률이 높아진다.

퍼팅의 실패 요인의 절반은 자세이고
절반은 정신력으로
마음 속에서 나오는 정신적인 불안감에 의해
몸이 제대로 움직이지 못하여 실패를 한다.

퍼팅을 할 때에는 호흡을 안정되게 충분히 하고
마음 속의 불안감을 떨쳐 버릴 때
퍼팅의 실패에 대한 중압감이 줄어든다.

안정된 퍼팅을 위해서는 퍼팅선에 대한 확신을 갖고
일관된 동작을 하여야 하며
주변의 환경과 동반자에 의하여
퍼팅 동작이 흔들려서도 안된다.

퍼팅의 성공을 위한 자신감

퍼팅에 대한 자신감을 잃어버리면
불안감으로 인하여
티샷과 어프로치 샷도 실수를 하게 된다.

퍼팅의 자신감을 갖기 위해서는
실수에 대한 불안감을 떨쳐버리고 몸의 긴장을 풀고
그립을 견고하게 잡고 헤드의 무게를 느끼며
과감하게 퍼팅을 하여야 한다.

퍼팅을 한 볼이 계속해서 홀 앞에 멈추게 될 때에는
홀컵 뒤쪽에 가상의 홀컵을 설정하여
과감하게 퍼팅을 하면 성공률이 높아진다.

긴 거리의 퍼팅은 한 번의 퍼팅으로
성공을 시키려고 하는 것 보다
두번째 퍼팅을 성공시킬 수 있도록
홀컵 주변으로 보내야 한다.

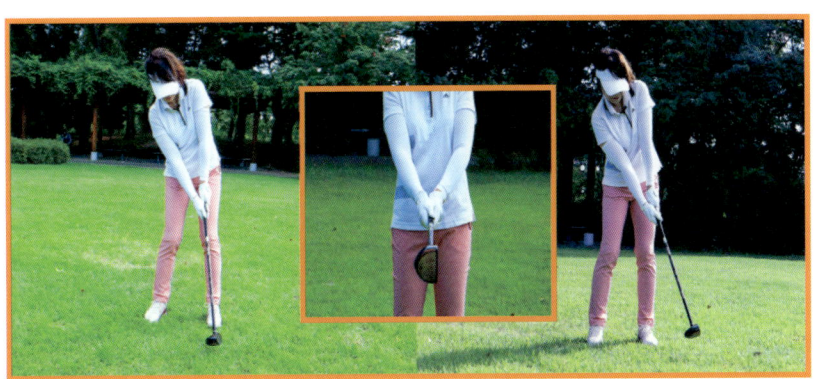

볼의 속도와 거리

퍼팅의 성공과 실패가 스코어에 영향을 주므로
볼을 어느 방향으로 어떻게 보내서
퍼팅을 성공시킬 것인가에 대한 전략이 필요하다.

퍼팅은 방향성보다 볼이 홀컵을 지나가거나 짧게 보내는
거리감 부족으로 스코어를 잃게 되므로
자신의 스윙 크기와 스피드에 맞는
거리감을 갖고 있어야 한다.

퍼팅은 거리감과 함께 경사와 속도에 따라
볼이 변화를 하는 퍼팅선을 제대로 읽을 수 있을 때
퍼팅의 성공률이 높아진다.

퍼팅의 성공을 위해서는 동반자들이
퍼팅을 한 볼의 변화를 살피는 것도
착시에 의한 실수를 줄이는 데 큰 도움이 된다.

퍼팅의 중요성과 거리 계산법

100m 티샷도 한 타이고
1m퍼팅도 한 타로 퍼팅이 매우 중요하다.

퍼팅을 할 때에는
가장 먼저 잔디와 지형을 살펴야 하며
특히 역결의 잔디는 방향과 거리에 대하여
신중하게 판단을 하여야 한다.

퍼팅시 거리 계산 방법은
오르막 1m, 평지 3m 거리라면
오르막은 평지 1m의 두 배로 생각하여
2m + 평지 3m = 5m 라는 자신만의 거리 개념을 갖고
평지 5m 거리로 생각을 하고
퍼팅을 하면 쉽게 성공이 된다.

퍼팅의 거리와 방향을 위해서는 급격하게 힘이 주어
때리거나 손목을 과도하게 사용하여 리듬과 템포가
무너지지 않도록 하는 것이 중요하다.

퍼팅선의 변화

티샷이나 어프로치 샷에 비하면
퍼팅은 작은 동작이지만
퍼팅을 하려고 하면 긴장을 하는 이유는
확신의 부족과 퍼팅선의 변화를 읽지 못하여 생기는 것이다.

올바른 퍼팅 자세를 갖추고 있어도
퍼팅선의 변화를 읽지 못하면 무용지물이므로
볼의 진로 방향의 변화를 잘 읽는 능력을 가져야 한다.

먼저 퍼팅을 하는 동반자의 볼의 변화를 주시하면
홀컵 주변에서의 변화와 민감한 지점을
파악할 수 있는 아주 귀중한 자료가 되므로
퍼팅의 성공을 위해서는 눈여겨 보아야 한다.

퍼팅의 변수는 잔디방향

잔디의 상태와 볼의 위치에 따라
다양한 퍼팅선의 변화가 생길 수 있으므로
잔디와 지형에 맞는 볼의 속도와 크기로
퍼팅을 하는 자세가 필요하다.

잔디의 상태가 빠르다는 것은
같은 힘으로 퍼팅을 했을 때 볼이 더 멀리
굴러가는 상태이며 반대로 느리다고 하는 경우는
볼이 짧게 굴러가는 상태이다.

퍼팅선 방향으로 누워있는 순결 잔디와
퍼팅선 반대 방향의 역결의 잔디가 있으며
퍼팅선을 거스르며 나가는 역결의 잔디가
순결의 잔디보다 짧게 굴러간다.

찬스를 놓치지 않는 퍼팅

이글 찬스에서 퍼팅을 한 볼이 홀컵을 멀리
지나쳐 버리면 파만 해도 다행인 상황이 되므로
볼의 진행 방향과 퍼팅선을 살피고
볼이 변화하는 변곡점을 향하여
거리에 맞는 신중한 퍼팅을 하여야 한다.

찬스를 놓치지 않는 퍼팅 방법은
오르막과 내리막의 지형에 맞는 거리조절 능력과
좌측과 우측의 경사도에 따라
볼이 퍼팅선을 따라 변화를 할 수 있도록
속도를 조절하여야 한다.

11. 위기탈출

위기 상황에서는 안전을

위기탈출을 위한 스윙의 목적은
샷을 하는 지점에서
목표 지점으로
안전하게 볼을 보내려고 하는 것으로
목적에 맞는 탈출을 위해서는
자신의 결정을 믿는 마음 가짐이 필요하다.

위기 상황을 벗어나기 위해서
준비되지 않은
새로운 트러블샷의 시도와
행운까지 바라며 하는 샷보다는
안전을 먼저 생각하는 샷이 최고의 선택이다.

최고의 굿샷은 최대의 위기에서
안전한 탈출에 가장 필요한 샷을 말한다.

김영선의 생각

완벽한 러프 탈출 방법

러프 속에 빠진 볼을 탈출시키기 위한
준비자세는
볼을 오른쪽에 두고
몸을 앞으로 기울인 상태에서
두 손은 볼 앞쪽에 놓이도록
샤프트를 목표 방향으로 기울여야 한다.

볼을 탈출시키기 위해서는 클럽 헤드를
수직에 가깝게 급격히 꺾어 올려
가파른 백스윙 궤도를 만들어 주어
임팩트를 할 때
러프의 저항을 최대한 줄이면서
클럽 헤드가 러프를 뚫고 들어가는 타격을 하여야 한다.

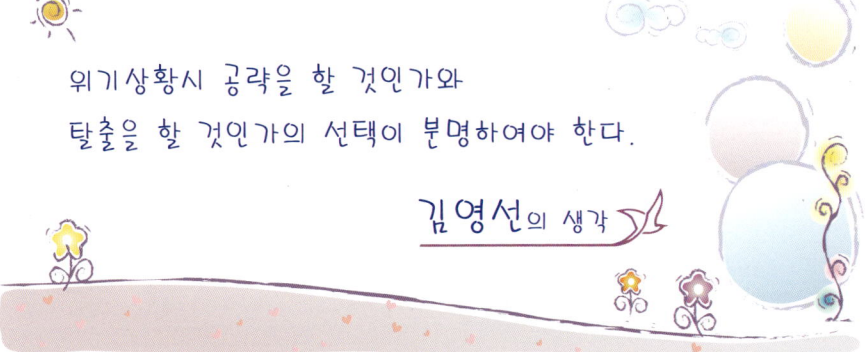

위기상황시 공략을 할 것인가와
탈출을 할 것인가의 선택이 분명하여야 한다.

김영선의 생각

파크골프 집중력의 부족

실력보다 집중력의 부족으로 생기는 실수를
방지하기 위해서는 인정을 하기보다는 극복을 하려고 하는
정신력과 안정된 스윙이 필요하다.

티샷의 성공을 위해서는 본인의 능력보다 멀리 보내려고
하지 말고 본인의 능력에 맞는 스윙을 하여야 한다.

어프로치 샷을 할 때에는 위험요소를 먼저 파악하고
방향보다는 거리를 먼저 생각하는 스윙을 하여야 한다.

볼이 벙커나 러프에 빠졌을 때에는 안전을 먼저 생각하고
다음 샷을 하기에 적당한 공간으로 볼을 보내야 한다.

위기상황시 앞으로 보내는 전진도 중요하지만
불가피하면 뒤로 후퇴를 하는 방법도 생각해야하며
후퇴도 할 수 없는 곳이라면
과감하게 언플레이어블을 선언하여야 한다.

정신력이란 스윙의 실수를 방지하기 위하여
경기중 끊임없이 자기 자신을 돌보는 것이다.

김영선의 생각

위기 탈출을 위한 상상력

위기상황을 지혜롭게 벗어나기 위해서는
많은 경기 경험과 연습을 통하여
얻은 지식을 바탕으로 상상력을 발휘할 때 가능하며
상상력의 크기는 곧 실력의 크기가 된다.

위기 극복을 위한 샷이
상상한 대로 만들어지지 않았다고 하여
실망을 하여서는 안 되며
최선의 선택을 하여 시도를 하였다는 것만으로도
엄청난 잠재력을 이끌어낸 훌륭한 일이다.

위기상황을 벗어나기 위한 샷은 한 번의 시도로
완성시키기가 어려우므로 실수를 두려워하지 않고
위기가 닥칠 때마다 시도할 때 위기 상황을 극복하는
샷의 완성과 강한 정신력을 갖게 된다.

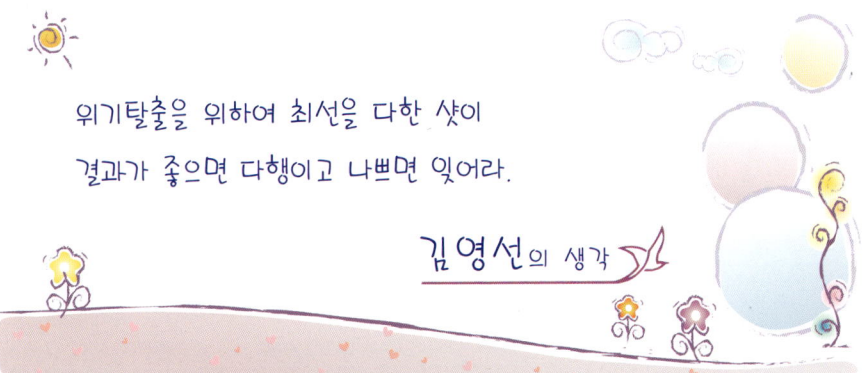

위기탈출을 위하여 최선을 다한 샷이
결과가 좋으면 다행이고 나쁘면 잊어라.

김영선의 생각

위기 상황의 조건

위기 상황의 조건은 생각을 하지 않고
무의식적으로 기존에 하던 방식대로
일반적인 스윙을 하면 실수로 이어지게 된다.

위기상황에 처했을 때에는 극복할 수 있다는
생각을 먼저 하고
최선의 방법을 찾아 기존의 경험을 바탕으로
창의력을 발휘하는 스윙이 필요하다.

경기중 실수를 하였던 위기 상황은
기억을 하여
두 번의 실수가 되지 않도록 하여야 한다.

실수를 하였을 때 같은 실수를 반복하지 않으려는
마음가짐과 연습이 필요하다.

김영선의 생각

잔디 상황에 따른 스윙

잔디 위에 볼이 떠 있을 때에
헤드가 잔디에 깊게 들어가는 타격을 하게 되면
헤드 페이스 위쪽에 맞게 되고
잔디에 얇게 들어가는 타격을 하게 되면
볼이 잔디에 파묻히게 되므로
내려치는 스윙보다는
들어 올려치는 스윙을 하여야 한다.

잔디가 없는 맨 땅에 볼이 있을 때에는
깨끗하게 볼을 쳐내는 것이 중요하므로
스윙의 최저점을 오른발 앞쪽에 두고
스윙 궤도를 완만하게 하여
볼을 쓸어치는 스윙을 하여야 한다.

깊은 러프에 볼이 파묻혀 있을 때에는
손목을 사용하여 클럽을 가파르게 들어 올리는
백스윙을 하여 볼 뒤쪽을 강하게 내려치며
피니쉬를 짧게 할 때 원활하게 탈출이 된다.

위기상황시 힘을 주어 강하게 치려고 하지 말고
정확하게 치는 것에 집중하라.

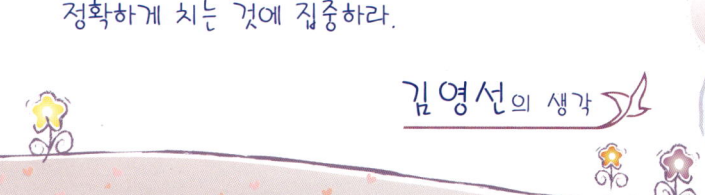

김영선의 생각

러프보다 어려운 내리막 벙커

위기 탈출을 위한 트러블샷은
홀에 가깝게 보내려고 하기 보다는
일단 탈출을 목표로 1타를 손해 보더라도
위험 상황에서 빨리 벗어나는 것이 최고의 선택이다.

벙커보다 러프에서의 탈출은
스윙 중 클럽 헤드가 풀에 막혀
예상 밖의 결과가 나올 확률이 높으므로
방향과 거리의 조절에 최선을 다하여야 한다.

러프보다 더 어려운 내리막 벙커에 있는
볼을 탈출시키려고하면
어깨와 몸을 볼이있는 경사면과 같이 기울여주고
오른쪽 발은 한 발짝 정도 뒤로 빼주어
손이 쉽게 빠져나갈 공간을 넓게 확보하여 주어
임팩트 순간 볼이 모래에 파묻히지 않도록
벙커의 경사면을 따라 낮고 길게 스윙을 하여야 한다.

초보자는 위기에서 쉽게 포기하려하고
실력자는 위기에서도 좋은 방향으로 빠져 나오려고 한다.

12. 멘탈(정신력)

배우려는 의지가 중요

파크골프를 잘 하기 위해서는
지도사의 도움을 받으면
잘 할 수 있는 확률이 높아지게 되지만
지도사가 잘 가르친다고 하여 반드시
잘 할 수 있는 것은 아니다.

지도사가 잘 가르치고
배우려고 하는 사람이 열심히 노력을 할 때
실력이 높아지게 되며
지도사의 의지보다는 배우려고 하는
사람의 의지가 더 중요하다.

파크골퍼의 유형에는 무작정 연습하는 골퍼와 생각을 하며
연습하는 골퍼 그리고 전혀 연습하지 않는 골퍼가 있다.

김영선의 생각

긍정적인 생각

자신이 원하는 지점으로
볼을 보내지 못하였다 하여도
긍정적인 생각을 갖고 다음 샷을 위하여
최선을 다할 때 좋은 결과를 만들게 된다.

생각을 하지 못한 실수로 위기상황에 처했을 때
불만을 갖고 다음 샷을 하게 되면
나쁜 결과로 이어지게 된다.

위기 상황에서는 현재의 상황에서
최선의 스윙이 무엇인가를 신중히 생각을 하고
해결을 하려고 하는 긍정적인 생각을 가질 때
위기상황은 극복될 수 있다.

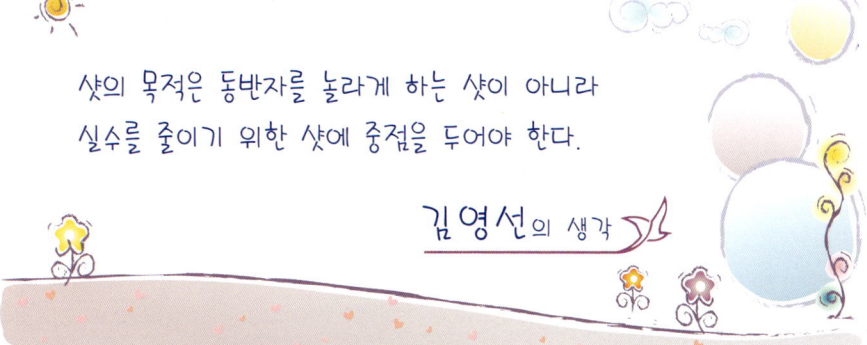

샷의 목적은 동반자를 놀라게 하는 샷이 아니라
실수를 줄이기 위한 샷에 중점을 두어야 한다.

김영선의 생각

긍정적인 문제해결

실력의 부족으로 하는 실수는 용납이 될 수 있지만
위기 상황이 닥쳤을 때 굴복을 하며
실수를 하는 것은 안된다.

실수를 줄이기 위해서는
문제가 있는 스윙 동작을 파악하고
문제점에 대한 해결책을 찾으려고 하는 노력이 필요하다.

스윙의 문제점에 대한 해결책을 찾은 다음에는
내가 할 수 있는 것과 지도사의 도움을
받아야 가능한 것을 파악하여 해결을 하여야 한다.

초보자의 큰 결점은 몸이 편한 샷만을 연습하고
몸이 불편한 정상적인 샷을 연습하지 않는 데 있다.

 김영선의 생각

연습의 중요성

자기 자신을 믿고 실력 향상을 위하여
열심히 연습을 하는 사람에게
성공의 길이 열리게 되며
실력이 성공을 가져다 주는 것이 아니라
연습이 성공을 가져다 준다.

긍정적인 마음과
성공에 대한 확신을 갖고
열심히 연습을 할 때 실력은 향상 된다.

파크골프는 끊임없는 연습이 필요한 운동이다.
연습만이 예상하지 못하는 실수를 막아준다.

김영선의 생각

현재의 샷에 최선을

파크골프를 위한 최고의 교훈은
" 현재의 샷에 최선을 다하라."는 말로
지나간 실수에 연연하여 현재의 샷을 그르치지 말아야 하며
바로 전에 시도한 샷이 현재의 샷에 부담을 주어서도 안 되며
다음 샷을 미리 예견하는 것은 더 더욱 안된다.

경기 중 이번 샷은 대충 치고
다음 샷을 멋지게 치겠다는 생각은
잘못된 생각으로 눈앞에 놓인
현재의 샷에 최선을 다하여야 한다.

파크골프 경기는 실수를 하였을 때
스코어가 높아지는 것이 아니라
최선을 다하지 않고 포기를 할 때
스코어가 높아지는 것임을 명심하여야 한다.

파크골프가 어려운 이유는 정지된 볼을 두고
어떻게 쳐야 하는가의 생각이 많은데 있다.

김영선의 생각

자신과의 경쟁이다.

파크골프는 처음부터 끝까지
공격과 방어가 필요없이
자신의 실력으로 승패가 결정되므로
동반자를 탓하거나 변명을 할 수 없는
오직 자신의 정신력과 경쟁하는 스포츠다.

파크골프는 단순히 의욕만 갖는다고 하여
잘되는 것이 아니라
끊임없이 자신을 조절 할 수 있는
정신력과 자제력이 있을 때 좋은 성적을 얻게 된다.

파크골프는 앞으로 볼을 치며 나아가는 운동으로
스윙의 원리를 이해하며
앞만 보고 연습을 할 때 실력이 향상된다.

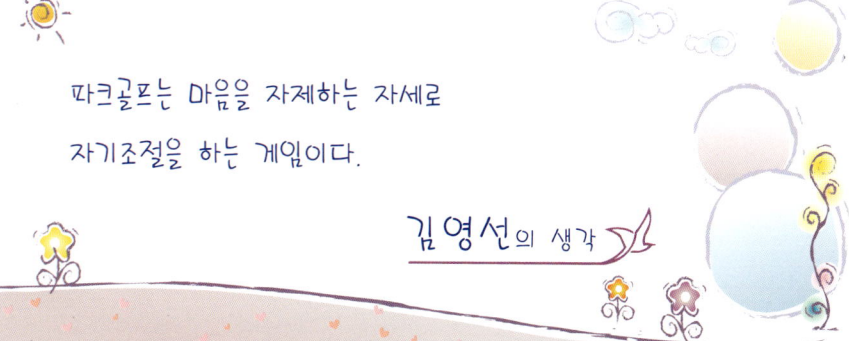

파크골프는 마음을 자제하는 자세로
자기조절을 하는 게임이다.

김영선의 생각

경기자의 마음자세

자신에게 관대하게 되면
쉽게 자신의 실력과 실수를 인정하며
변명으로 일관하여 신뢰를 잃게 된다.

자기자신을 위하여
관대함을 적용하여서는 안되며
동반자와 좋은 관계를 위하여 적용하여야 한다.

동반자에게 관대한 마음을 가졌다 하더라도
자신에게 만큼은
엄격하고 신중한 태도를 가질 때
신뢰를 얻게된다.

실수에 대하여 변명을 하거나 화를 내면
동반자와 본인까지 불행하게 만든다.

김영선의 생각

실력향상과 집중력

위기 상황을 극복하며
이겨낼 수 있는 집중력과
자신감이 높아지면
실력은 저절로 향상이 된다.

집중력은 중요한 샷에서만 집중을 하는 것이 아니라
샷을 할 때마다 집중을 하여야 한다.

집중력의 부족으로 실수를 하였을 때에는
지난 실수에 연연하지 않고
두번의 실수를 하지 않도록 하여야 한다.

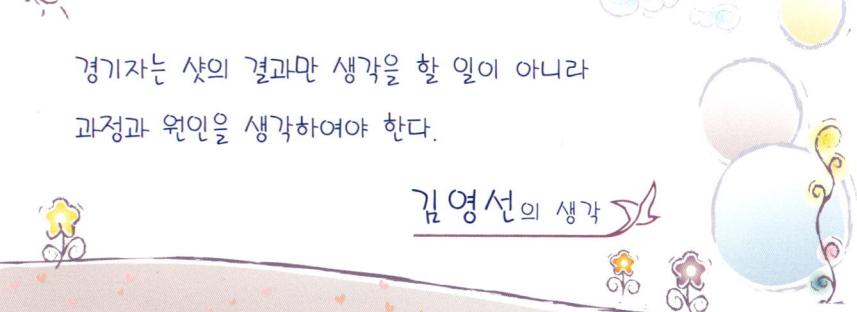

경기자는 샷의 결과만 생각을 할 일이 아니라
과정과 원인을 생각하여야 한다.

김영선의 생각

실력자가 되려고 하면

실력자들은 슬럼프에서도 회복하는 속도도 빠르며
실패를 하여도 극복하려고 다시 시도를 한다.

실력자에게 실패는 곧 도전이며,
승리의 길에서 생기는 일시적인 일이라고 생각을 하지만
일반적인 사람들은 실패가 영원히 지속될 거라는 생각으로
실패의 두려움에 빠지게 된다.

실력자들은 실패도 배움의 과정이라 생각을 하며
실패로부터 배우고 실력을 성장시키는 기회로 만들지만
일반적인 사람들은 재능이나 실력은
타고나는 것이라고 단정한다.

하지만 실력을 타고난 것 같은 실력자들도
실력자가 되기까지 쉬지 않고 열심히 노력한 사람이다.

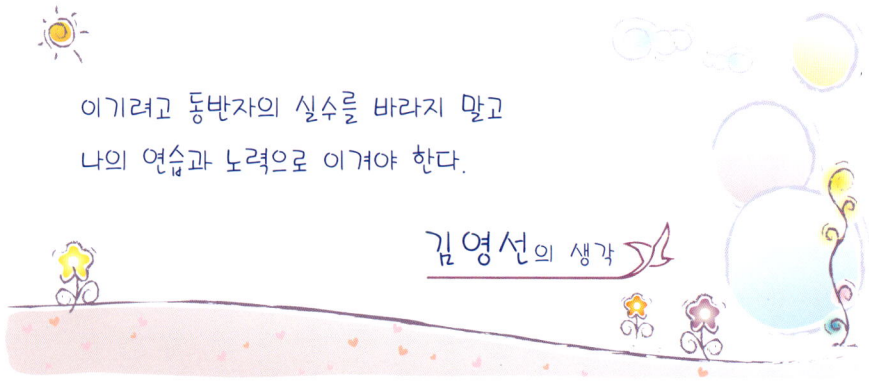

이기려고 동반자의 실수를 바라지 말고
나의 연습과 노력으로 이겨야 한다.

김영선의 생각

배우려고 하는 사람과 지도사의 관계

파크골프를 가르치는 지도사와 배우려는 사람과의
무조건적인 신뢰와 믿음이 없으면 실력의 향상은 어렵다.

실력향상을 위하여 지도사를 선택하였으면 믿고 따르며
미래의 변화된 자신의 실력에 대한 믿음을 가져야 한다.

파크골프는 처음부터 끝까지 옆으로 하는 특별한 운동으로
스윙 동작을 몸에 맞추는 것이 아니라
좋은 스윙 동작을 몸에 맞추어야 한다.

파크골프는 머리가 이해를 하고
몸이 기억을 하는 동작이 조화를 이룰 때
멋진 스윙 동작이 나오게 된다.

파크골프는 동반자의 검증되지 않은 경험을 듣고
따라 하는 스윙보다는 올바른 스윙을 이해하며
자신의 체형에 맞는 장점은 살리고
단점은 줄일 수 있는 스윙을 하여야 한다.

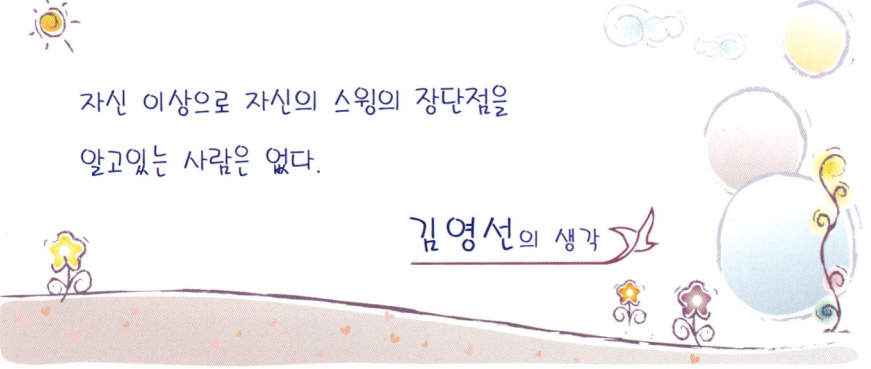

자신 이상으로 자신의 스윙의 장단점을
알고있는 사람은 없다.

김영선의 생각

다음을 위한 긍정적인 생각

파크골프는 희망을 갖고 노력을 할 때
실력자가 될 수 있으며 경기 중 부정적인 생각은
나쁜 결과를 초래하므로 자신의 멋진 샷을 상상하며
목표에 집중을 하는 긍정적인 생각이
좋은 결과를 얻게 된다.

위기상황을 자기 중심으로 쉽게 해석을 하며
자신의 실력보다 더 멋진 샷을 할 수 있다는 생각은
착각이자 오만으로 경기를 망치게 된다.

티샷이 잘못 되었으면 두번째 샷을 멋지게 보내면 되고
두번째 샷이 잘못되면 그 다음 샷을 잘 하면 된다는
긍정적인 생각과 다음의 기회가 있다는 것을
생각하며 즐길 때 실력이 향상된다.

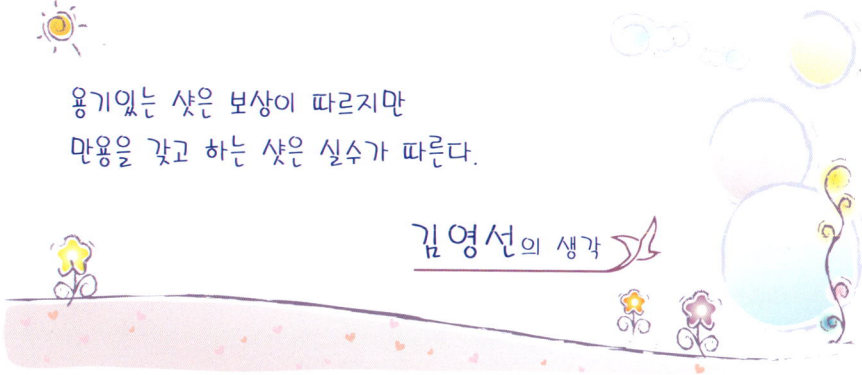

용기있는 샷은 보상이 따르지만
만용을 갖고 하는 샷은 실수가 따른다.

김영선의 생각

슬럼프를 벗어나기 위한 방법

기본자세에 최선을 다하고 잘할 수 있다는 생각을 갖고
백스윙을 시작하여 피니쉬에 이를 때까지
몸의 균형을 유지하여 주는 스윙을 할 때
슬럼프를 벗어날 수 있다.

퍼팅은 때리거나 밀어치는 방법이 있으나
어느 한쪽을 고집하여서는 안 되며
홀컵 주변의 상황에 따라 혼합하여 구사할 때
올바른 퍼팅이 되어 슬럼프가 극복이 된다.

슬럼프가 오면 장비와 동반자등
외부적인 요인을 탓하며 변명을 하지만
슬럼프는 기술적인 측면과 정신적인 측면에서
오는 경우와 두 가지가 혼합된 경우가 있다.

슬럼프에서 벗어나기 위해서는 가장 먼저
기본자세를 점검하고 자신에 대한 확실한 믿음과
잘할 수 있다는 강인한 정신력을 가질 때
슬럼프가 극복된다.

어떤 경기도 다음에 생각을 해보면
다시 쳤으면 하고 생각되는 스윙이 있기 마련이다.

김영선의 생각

실력자와 초보자의 차이

실력자와 초보자의 차이는 실력자의 공은 '본대로' 가고,
초보자의 공은 '걱정한 대로' 가는 것이다.

실력자는 실수를 하여도 여유가 있어 보이지만
초보자는 실수를 하지 않아도 항상 초조해 보이며
쫓기는 듯이 보이는 경우가 많다.

OB가 났을 때 초보자의 마음 속에는
이미 더블파가 들어와 있으며 아무리 잘 쳐도
더블보기 이상할 수 없다는 실망감으로
그 홀을 포기를 한다.

실력자는 실망스런 상황이 되어도
스코어를 잃지 않고 그 홀을 지켜 내려고 집중을 하며
포기를 하지 않고 끝까지 노력을 한다.

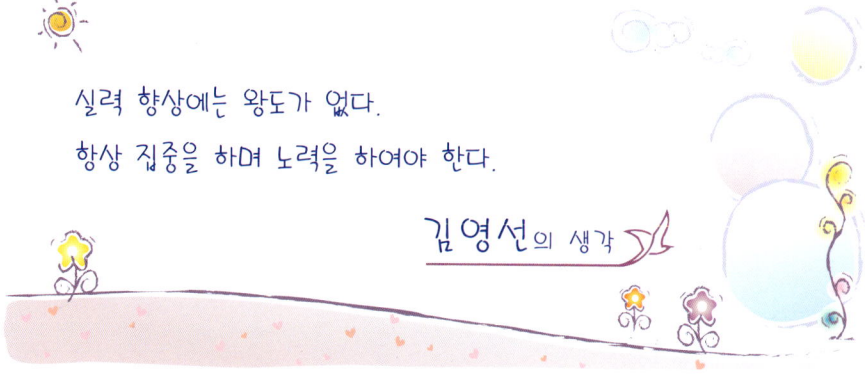

실력 향상에는 왕도가 없다.
항상 집중을 하며 노력을 하여야 한다.

김영선의 생각

실력자의 마음가짐

실력자가 되기 위해서는
자신을 믿고 내재된 잠재력을 이끌어 내며
성공을 위하여 최선의 노력을 다하여야 한다

실력자들은 위기상황에서 자신을 믿고 선택한
샷을 성공으로 이끌어 내지만
초보자들은 자신을 믿는 마음과 실력의 부족으로
선택한 샷을 실패로 만들게 된다.

매 샷마다 일희일비하지 말고
자신을 믿고 묵묵히 최선을 다하며 경기를 할 때
내재된 잠재력이 살아나며 실력이 향상된다.

볼을 멀리치고 멋진 샷을 하는 사람보다
실수를 가장 적게 한 사람이 승리한다..

김영선의 생각

패배를 하지 않은 승자는 없다

파크골프를 즐기는 모두는 영원한 승자와
영원한 패자가 될 수 없다.

경기의 결과로 승자가 된 사람 중에
패자가 되었던 적이 없는 승자는 없을 것이며
승자가 있으면 반드시 패자가 있다.

패자가 되었을 때에는
좌절하지 않고 도전을 하여야 하며
승자가 되었을 때에도 자만하지 않고
패자에게 격려와 성원을 아끼지 않아야 한다.

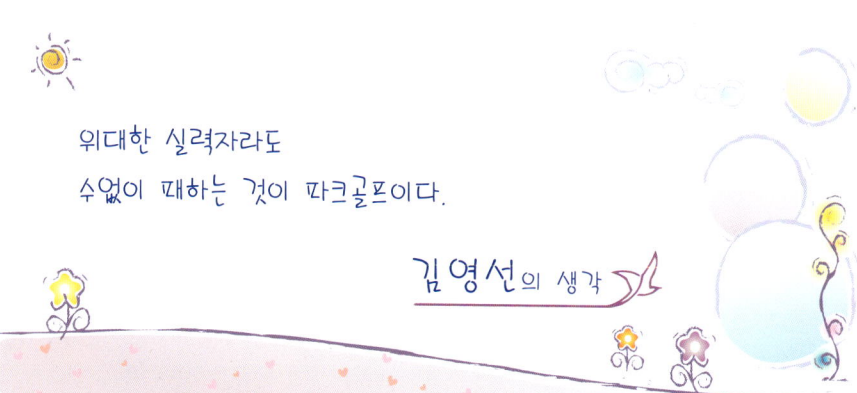

위대한 실력자라도
수없이 패하는 것이 파크골프이다.

김영선의 생각

실수를 줄이려고 하면

파크골프는 몸으로 하는 기술적인 부분과
정신력이 함께 하는 운동이다.

실수는 스윙의 기술적인 부분을 생각하지만
기술적인 실수보다 정신적인 실수를 먼저 생각하여야한다.

경기를 할 때에는 실력의 부족으로 하는 실수보다
정신력과 판단 부족으로 하는 실수를 줄이는 데
최선의 노력을 하여야 한다.

실수를 줄이기 위해서는
자신의 실력에 맞는 전략을 세우는 적극적인 형태의
경기 운영과 안전만을 생각하며 하는 소극적인 형태의
경기 운영을 혼합하며 경기를 하여야 한다.

샷의 성공을 위해서는
실패의 확률을 두배로 생각하라.

김영선의 생각

13. 룰 & 매너

지키라고 만든 규칙

정해진 규칙은 반드시 지키는 것이 올바른 것이다.

규칙을 지키지 않는 동반자를 보고
그냥 지나치면 융통성 있는 사람이고
지적을 하면 고지식한 사람이 된다면 잘못된 것이다.

규칙을 지키기가 어렵다고 하여
자기 마음대로 해석을 하고 지키지 않는다면
기본과 원칙을 무시하는 매너 없는
파크골퍼로 낙인 찍힐 수 있다.

규칙이 경기장 상황과 친선도모에 방해가 될 때에는
동반자를 배려하기 위한 규칙을 적용하여 주는
매너도 필요하다.

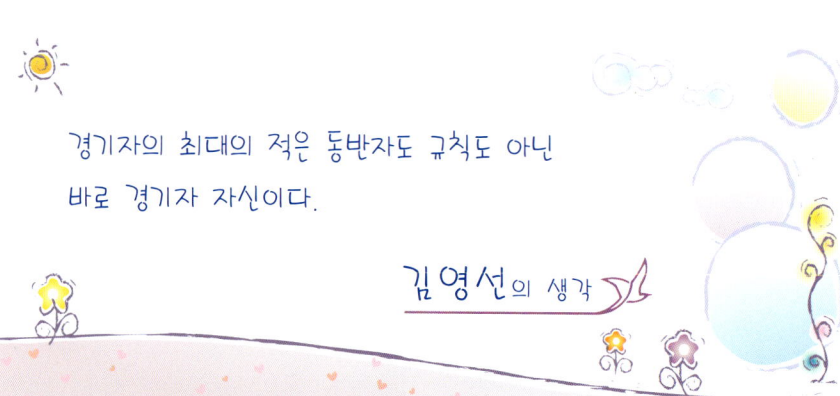

경기자의 최대의 적은 동반자도 규칙도 아닌
바로 경기자 자신이다.

김영선의 생각

멋진 파크골퍼

멋있는 파크골퍼의 모습은
멋진 티샷을 하거나
홀인원을 하는 순간이 아니고
동반자를 배려하고 매너를 지키려고 하는 모습이다.

기술이나 실력이 앞서는 것보다
매너를 지키며 좋은 스윙에는 아낌없는 박수를
보낼 줄 아는 골퍼가 멋진 파크골퍼다.

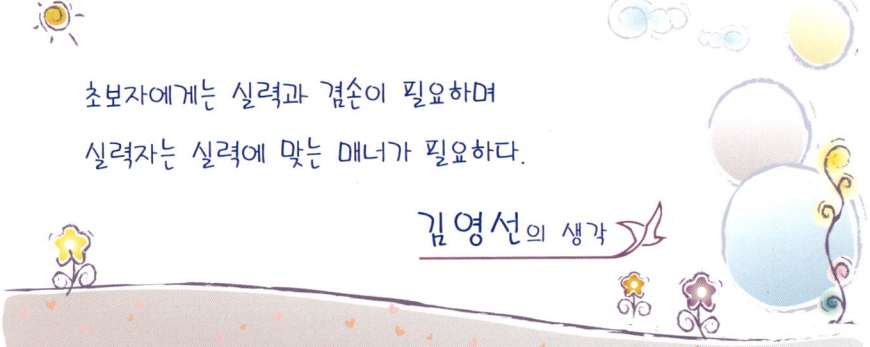

초보자에게는 실력과 겸손이 필요하며
실력자는 실력에 맞는 매너가 필요하다.

김영선의 생각

빠른 이동은 에티켓

경기 중 몸과 마음이 안정되지 못하면
좋은 샷의 결과를 얻기 어려우므로
먼저 준비 운동을 하여
몸을 안정시키고 난 후에 샷을 하여야 한다.

다른 동반자보다
샷을 먼저 하여야 한다면
다른 동반자보다 빠르게 이동을 하고
두 번째나 세 번째라면 시간이 충분하므로
리듬이 깨지지 않는 범위에서
경기에 방해가 되지 않도록 이동을 한다.

초보자는 연습보다 행운을 바라지만
실력자는 행운보다 실수를 하지 않으려고 노력한다.

승패보다는 배려하는 매너

승패를 생각하기 전에
동반자를 먼저 생각을 하여야 하며
동반자의 실수를 안타까워하는
배려의 마음이 있어야 한다.

경기 중에는 절제된 행동과 매너를 지켜야 하며
경기가 잘 안 풀리더라도 미소를 지으며
경기를 함께 마칠 줄 아는 매너가 있어야 한다.

동반자의 실수보다 자신의 매너와 실력으로
경기의 승패를 가릴 줄 알아야 하며
승패보다 동반자를 배려하는 마음을 갖고
즐거운 분위기 속에서 경기를 하여야 한다.

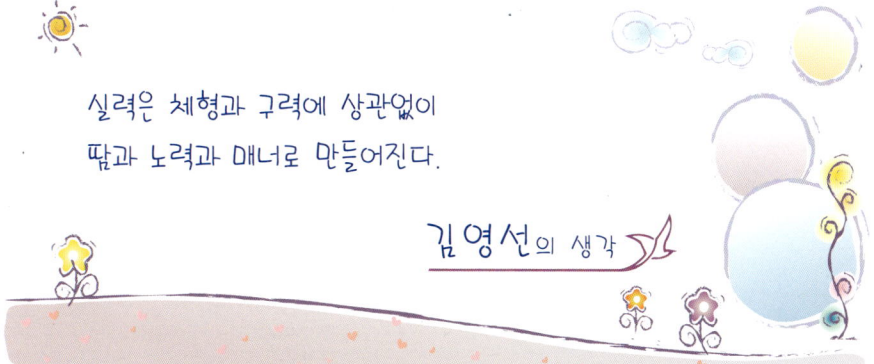

실력은 체형과 구력에 상관없이
땀과 노력과 매너로 만들어진다.

김영선의 생각

파크골퍼가 지켜야 할 매너

1. 티잉 그라운드에 서기 전에 준비를 한다.
2. 실력과 상관 없이 동반자를 정중하게 대한다.
3. 동반자가 샷을 할 때 말을 하거나 움직이지 않는다.
4. 앞 팀이 위험 거리를 벗어날 때까지 샷을 하지 않는다.
5. 미스샷 시 볼이라고 외쳐 동반자가 방어를 하도록 한다.
6. 진행이 늦어지거나 경우 뒷 팀에게 양보를 한다.
7. 벙커샷을 한 경우 발자국이나 볼을 친 흔적을 지워야 한다.
8. 동반자의 퍼팅선을 밟거나 방해를 하지 않는다.
9. 그린에서 나와 다음 홀에서 스코어 카드를 기록한다.

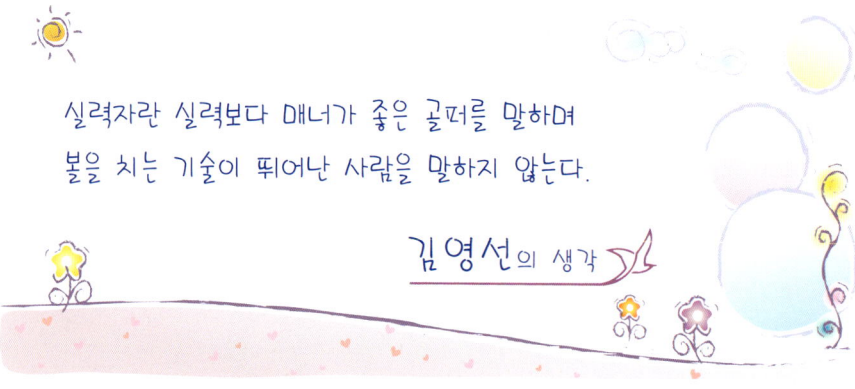

실력자란 실력보다 매너가 좋은 골퍼를 말하며 볼을 치는 기술이 뛰어난 사람을 말하지 않는다.

김영선의 생각

동반자를 위한 배려와 매너

두 번째 샷은 홀에서 가장 멀리 있는
사람이 먼저 샷을 하여야 하며
샷을 하는 동반자 가까이에 서서 지켜 본다거나
방해가 되는 동작을 하면 안된다.

동반자의 볼이 분실되어 안 보일 때에는
같이 찾아 주는 것이 매너이며
같이 찾아주는 고마움을 느끼게 할 수 있다.

경기 중 이동을 할 때에는
느긋하게 걷지 말고 속보로 이동을 하며
나 때문에 우리 팀이 늦어질 수도 있다는
생각을 하여야 한다.

파크골프는 인간의 본성을 보여주는 매너 운동으로
동반자의 본성과 자신의 본성을 보여주는 것이다.

김영선의 생각

매너와 룰을 지키는 경기

경기 중 필요한 말 외에는 하지 않는 것이 좋으며
동반자가 원하지 않는 훈수를 하지 않을 때
실력과 매너도 인정받는 파크골퍼가 된다.

경기 중 매너와 규칙을 지키며
동반자를 배려하면 손해를 보는 것 같지만
결국에는 실력을 갖춘 멋진
파크골퍼라는 칭찬을 받게된다.

파크골프의 실력을 갖추었다 하여도
동반자가 원하지 않을 시에는
샷에 대하여 가르치려고 하거나
잘못된 습관을 지적하지 않아야 한다.

동반자의 이해할 수 없는 이상한 스윙동작도
가르쳐 달라고 하기 전에는 조언을 하려고 하지마라.

김영선의 생각

부록 : 용어

용어(ㄱ,ㄴ,ㄷ)

ㄱ
갤러리(gallery) 경기를 구경하는 사람
굿 샷(good shot) 칭찬을 하는 샷
그라스 벙커(grass bunker) 풀로 만들어진 웅덩이
그라운드(ground) 경기장
그린(green) 홀컵 주변의 퍼팅을 위한 지역
그린 벙커(green bunker) 그린 주변의 벙커
그린 피(green fee) 경기장 사용료
그립(grip) 클럽을 잡는 부분 또는 잡는 방법
기브 업(give up) 경기를 포기할 때 하는 말

ㄴ
나이스 샷(nice shot) 칭찬을 하는 샷
내추럴 그립(natural grip) 클럽을 잡는 방법 중 하나
니어리스트(nearest) 홀컵에 볼을 최근접 시킨 경기자

ㄷ
다운스윙(down swing) 스윙을 위해 클럽을 내리는 동작
더블 보기(double bogey) 기준타수 보다 2타 많은 타수
더블 파(double par) 기준타수 보다 2배 많은 타수
도그레그(dog leg) 구부러진 홀
드롭(drop) 경기가 가능한 위치로 볼을 옮겨 놓는
디봇(divot) 스윙으로 훼손된 경기장의 자국

용어 (ㄹ)

ㄹ

라운드(round) 경기
라이(lie) 볼이 지면에 놓인 상태
러프(rough) 풀이 길게 자라있는 지역
런(run) 볼이 굴러 가는 거리
레이 업(lay up) 불리한 상황에서 다음 샷을 위한 샷
로브 샷(lob shot) 의도적으로 띄워 치는 샷
로스트볼(lost ball) 3분내 찾지 못한 분실구
로컬룰(local rule) 현지 경기장만을 위한 특별한 규칙
로프트(loft) 헤드와 샤프트의 기울어진 각도
롱기스트(longest) 티샷을 제일 멀리 보낸 경기자
롱홀(long hole) 통상적으로 par5 홀을 지칭
루스 임페디먼트(loose impediment) 치울 수 있는 장애물
루틴(routine) 자신만의 스윙을 위한 습관
리듬(rhythm) 일정한 규칙에 따른 움직임
리커버리 샷(recovery shot) 실수를 만회하기 위한 샷
리플레이스(replace) 규칙에 따라 볼을 되돌려 놓는 행위
릴렉스(relax) 긴장을 풀며 만드는 편한 자세

용어(ㅁ, ㅂ)

ㅁ

마운드(mound) 벙커나 그린 주위의 작은 언덕
마커(marker) 타수를 기록하는 사람
마크(mark) 위치를 나타내는 표식
매너(manner) 경기 중 예의
매치 플레이(match play) 각 홀 마다 승부를 결정
멀리건(mulligan) 벌타 없이 주어지는 티샷
메달리스트(medalist) 경기에서의 우승자
미들 홀(middle hole) 통상적으로 par4 홀을 지칭
미스 샷(miss shot) 경기 중 실수

ㅂ

백스윙(back swing) 클럽을 뒤로 올리는 동작
백스윙 탑(top of back swing) 백스윙의 정점
백 카운트(back count) 동점일 때 승자를 가리는 방식
버디(birdie) 기준타수 보다 1타 적은 타수
벙커(bunker) 모래 웅덩이
보기(bogey) 기준타수 보다 1타 많은 타수

용어(ㅅ)

ㅅ

사이드 벙커(side bunker) 경기장 옆으로 있는 벙커
샤프트(shaft) 클럽과 헤드의 중간 막대 부분
샷(shot) 볼을 치는 동작
샷 건(shot gun) 모든 홀에서 동시에 시작하는 경기
서든데스(sudden death) 동점일 때 승자를 가리는 방식
셋 업(set up) 볼을 치기위해 자세를 잡는 동작
숏게임(short game) 홀 컵주변의 짧은 거리 경기 방법
숏 홀(short hole) 통상적으로 par3 홀을 지칭
수리지(ground under repair) 일시적으로 경기가 금지된 구역
스웨이(sway) 스윙 자세가 좌우로 흔들리는 움직임
스윗 스폿(sweet spot) 볼을 치는 헤드의 중심
스윙(swing) 클럽을 휘두르는 동작
스탠스(stance) 발의 위치를 정하는 방식
스코어(score) 경기 기록 타수
스코어 카드(score card) 타수 기록지
스퀘어 그립(square grip) 그립을 잡는 방법 중 하나
스퀘어 스탠스(square stance) 두발 끝을 나란히 한 자세
스크래치(scratch) 실력이 동등한 경기자
스트록(stroke) 헤드가 볼을 치기 위해 앞으로 움직이는 동작
스트록 플레이(stroke play) 합계 타수로 승자를 결정

용어(ㅇ)

ㅇ

아웃 오브 바운드(out of bounds) O.B.
아크(arc) 스윙시 클럽 헤드가 그리는 선
알바트로스(albatross) 기준타수 보다 3타 적은 타
어드레스(address) 스윙을 위한 준비자세
어프로치(approach) 홀컵에 볼을 접근 시키는 샷
언더 파(under par) 기준 합계 타수 보다 적은 타수
언플레이어블(unplayable) 구제를 받기 위한 선언
에임(aim) 목표 방향과 몸이 정렬을 하는 동작
에티켓(etiquette) 경기 중 지켜야 할 사항
오너(honer) 먼저 티샷을 할 수 있는 경기자
오버 스윙(over swing) 스윙을 많이 크게 하는 동작
오버 래핑(over lapping) 그립을 잡는 방법 중 하나
오비(O.B.) 아웃 오브 바운드의 약칭
오픈 스탠스(open stance) 왼쪽 발을 뒤로 뺀 자세
올 스퀘어(all square) 무승부 또는 동점
왜글(waggle) 클럽의 헤드를 좌우로 흔드는 동작
원온(one on) 티샷으로 그린에 볼을 보냈을 때
원 퍼트(one putt) 1타의 퍼팅
위너(winner) 승자를 가리킴
이글(eagle) 기준타수 보다 2타 적은 타수
이벤트(event) 경기 또는 행사
인터로킹(interlocking) 그립을 잡는 방법 중 하나
임팩트(impact) 헤드가 볼을 치는 순간의 힘

용어(ㅋ, ㅌ)

ㅋ

캐주얼 워터(casual water) 일시적으로 생긴 물웅덩이
코스(course) 9홀 단위로 구성된 경기구역
코킹(cocking) 스윙을 위해 손목을 사용하는 동작
쾌드러플 보기(quadruple bogey) 기준타수 보다 4타 많은 타수
쿼터 스윙(quarter swing) 4분의 1 스윙
크로스 벙커(cross bunker) 경기장을 가로지르는 벙커
클럽(club) 볼을 치는 도구
클럽 페이스(club face) 볼을 치는 타구면
클럽하우스(club house) 경기장의 편의시설이 있는 건물
클럽헤드(club head) 볼을 치는 타구면의 뭉치
클로즈 스탠스(close stance) 오른쪽 발을 뒤로 뺀 자세

ㅌ

탑 스윙(top swing) 백스윙의 정점
탑 핑(topping) 볼 위를 때리는 실수
테이크 백(take back) 백스윙을 시작하는 동작
템포(tempo) 스윙의 빠르기
트러블 샷(trouble shot) 위기 상황 탈출을 위한 샷
트리플 보기(triple bogey) 기준타수 보다 3타 많은 타수
티(tee) 티샷을 위해 볼을 올려놓는 도구
티박스(tee box) 티잉그라운드의 별칭
티 샷(tee shot) 티 위에 볼을 올려놓고 치는 샷
티 업(tee up) 경기를 위해 볼을 티 위에 올리는 동작
티잉 그라운드(teeing ground) 티샷을 하는 장소

용어(ㅍ, ㅎ)

ㅍ

파(par) 기준 타수
파우치(pouch) 경기용품을 넣는 휴대용 가방
파트너(partner) 동반자
팔로우 스루(follow through) 임팩트 이후 동작
퍼팅라인(putting line) 퍼팅 시 볼이 지나가는 선
퍼트(putt) 볼을 홀 컵에 넣기 위한 동작
펀치 샷(punch shot) 볼 위를 내려치는 샷
페널티(penalty) 경기 중 벌칙
페어웨이(fair way) 티샷 지점과 그린 사이 정리가 된 잔디지역
포섬(foursome) 4명이 2인 1조로 경기를 하는 방식
푸시(push) 밀어치는 샷
풀 스윙(full swing) 가장 큰 스윙
플레이어(player) 경기자
피니쉬(finish) 스윙의 종료 자세
핀(pin) 깃대

ㅎ

하프 스윙(half swing) 2분의 1 스윙
해저드(hazard) 물 등의 장애물
핸디캡(handicap) 실력차이에 따라 허용하는 타수
헤드업(head up) 볼을 칠 때 머리를 드는 동작
헤드 페이스(head face) 볼과 접촉하는 부분
홀 아웃(hole out) 그 홀의 경기를 마무리 하는 일
홀인원(hole in one) 1타로 볼이 홀컵에 들어갔을 때
홀 컵(hole cup) 그린에 만들어진 볼을 넣는 구멍
훅(hook) 당겨 치는 샷

파크골프 레벨업

초판 1쇄 인쇄 2021년 4월
초판 1쇄 발행 2021년 4월

펴낸이   김영선
펴낸곳   파크골프 교육연구원
등록번호 제2021-000035호

주소   서울시 송파구 송파대로37길80
전화   02-423-6060
FAX   02-423-7060
E-mail tel4236060@naver.com

ISBN 979-11-974091-0-3   03690

정가 12,000원

* 이 책의 전부 또는 일부를 재사용 하려면 저자의 서면 동의를 받아야 합니다.